文创IP
价值评估方法及其应用研究

王田力 ◎ 著

首都经济贸易大学出版社

Capital University of Economics and Business Press

·北京·

图书在版编目（CIP）数据

文创 IP 价值评估方法及其应用研究／王田力著. ‒‒北京：首都经济贸易大学出版社，2023.7
ISBN 978‒7‒5638‒3517‒1

Ⅰ.①文… Ⅱ.①王… Ⅲ.①文化产品‒产品设计‒研究 Ⅳ.①G124

中国国家版本馆 CIP 数据核字（2023）第 088584 号

文创 IP 价值评估方法及其应用研究
WENCHUANG IP JIAZHI PINGGU FANGFA JIQI YINGYONG YANJIU
王田力　著

责任编辑	陈雪莲
封面设计	砚祥志远·激光照排 TEL: 010-65976003
出版发行	首都经济贸易大学出版社
地　　址	北京市朝阳区红庙（邮编 100026）
电　　话	（010）65976483　65065761　65071505（传真）
网　　址	http://www.sjmcb.com
E‒mail	publish@cueb.edu.cn
经　　销	全国新华书店
照　　排	北京砚祥志远激光照排技术有限公司
印　　刷	北京九州迅驰传媒文化有限公司
成品尺寸	170 毫米×240 毫米　1/16
字　　数	186 千字
印　　张	11
版　　次	2023 年 7 月第 1 版　2023 年 9 月第 2 次印刷
书　　号	ISBN 978‒7‒5638‒3517‒1
定　　价	45.00 元

图书印装若有质量问题，本社负责调换
版权所有　侵权必究

前　言

由于中国互联网、5G 和社交媒介的高速发展，游戏类文创 IP、社交类文创 IP、艺术类文创 IP 和影视类文创 IP 等开启了高速发展模式。文创 IP 在中国文化产业发展和国民经济发展中扮演着至关重要的角色，为我国文化产业和国民经济发展提供了新的增长点。文创 IP 作为一种新型资产，受到政府、社会和学界的广泛关注。有关文创 IP 的研究有助于社会各界全面了解文创 IP 在经济发展中的作用，协助我国文化传媒文创 IP 交易平台的建设，有利于调动地方政府创建中国特色文化产业的积极性，提升国家软实力，促进国民经济发展。本书将重点探讨文创 IP 价值评估方法，分别提出游戏类文创 IP、社交类文创 IP、艺术类文创 IP 和影视类文创 IP 价值评估思路和价值评估模型，并运用游戏类文创 IP、社交类文创 IP、艺术类文创 IP 和影视类文创 IP 价值评估模型进行案例分析。

第一，本书对文创产品、文创 IP 以及文创 IP 的价值等概念进行详细界定，并且分别对游戏类文创 IP、社交类文创 IP、艺术类文创 IP 和影视类文创 IP 的发展历程进行了梳理和划分。结合游戏类文创 IP、社交类文创 IP、艺术类文创 IP 和影视类文创 IP 的发展历程和特点，本书总结出文创 IP 价值影响因素，为构建文创 IP 收益额预测模型提供了理论支撑。

第二，本书提出了文创 IP 价值评估模型。首先，本书通过文创 IP 价值评估方法的适用性分析，判断出收益法最适合用于评估文创 IP 价值，但是采用传统的收益法对文创 IP 价值进行评估可能存在较多不合理的地方，故本书对传统收益法进行改进，构建了文创 IP 价值评估模型。其次，本书将从收益额预测、折现率和收益期限等方面对传统收益法进行改进。在收益额预测方面，本书对传统收益法改进的重点主要在于文创 IP 收益额的预测。众所周知，相比于其他无形资产，文创 IP 较多地受到互联网的影响，因此我们在选取文创 IP 衍生品收益额影响因素时，较多地考虑互联网的因素（如衍生品的平台粉丝数、平台曝光量、粉丝属性、网络商品个数、互联网商品个数、视频网站播放量等）。通过对文创 IP 衍生品收益额影响因素进行分析，并借助原仓 IP

数据库获取相关 IP 数据，构建了文创 IP 衍生品收益预测模型。通过文创 IP 衍生品收益预测模型，可以获得未来的文创 IP 衍生品收益。本书将借鉴层次分析法和专家打分法从文创 IP 衍生品未来收益中剖析出文创 IP 的未来收益。在折现率方面，折现率的判断也是文创 IP 价值评估中的重点，本书查找了近几年的资产评估报告，获得了专利权、专有无形资产、著作权等无形资产的资产评估报告，对其进行了详细分析，参照其折现率选取方法，选择采用资本资产定价模型（CAPM）估算文创 IP 的折现率。在收益期限方面，文创 IP 的收益期主要参照其他类似文创 IP 的生命周期进行判断。由此，按照不同的分类，本书提出了影视类文创 IP 价值评估模型、游戏类文创 IP 价值评估模型、社交类文创 IP 价值评估模型、艺术类文创 IP 价值评估模型。

第三，本书分别选取了影视类文创 IP、游戏类文创 IP、社交类文创 IP、艺术类文创 IP 的案例进行分析。影视类文创 IP 案例分析中，本书选取了《铠甲勇士》IP 和《大闹天宫》IP，将新构建的影视类文创 IP 价值评估模型运用到《铠甲勇士》IP 和《大闹天宫》IP 的价值评估中。游戏类文创 IP 案例分析中，本书选取了《王者荣耀》IP 和《原神》IP，将新构建的游戏类文创 IP 价值评估模型运用到《王者荣耀》IP 和《原神》IP 的价值评估中。社交类文创 IP 案例分析中，本书选取了猪小屁原创 IP，将新构建的社交类文创 IP 价值评估模型运用到猪小屁原创 IP 的价值评估中。艺术类文创 IP 案例分析中，本书选取了陕西历史博物馆 IP，将新构建的艺术类文创 IP 价值评估模型运用到陕西历史博物馆 IP 的价值评估中。通过上述六个文创 IP 价值评估案例分析，本书得到《大闹天宫》IP 价值为 8 171.27 万元，《铠甲勇士》IP 价值为 5 961.81 万元，猪小屁原创 IP 价值为 7 793.51 万元，《王者荣耀》IP 价值为 4 891 026.45 万元，《原神》IP 价值为 161 241.47 万元，陕西历史博物馆 IP 价值为 42 778.14 万元。

本书的理论贡献主要体现在以下几个方面，首先，本书将文创 IP、文创 IP 价值以及文创 IP 的相关理论进行了详细梳理，有助于其他学者的进一步研究。其次，由于文创 IP 属于新经济、新业态下的产物，其带有较多的特殊性，故本书从宏微观的角度分析了互联网特征和产业发展对文创 IP 的影响，并提出了文创 IP 收益预测方法，拓展了文创 IP 收益影响因素相关研究。最后，本书提出文创 IP 价值评估模型，弥补了文创 IP 价值评估方法现有研究的不足，拓展了资产评估在文创 IP 领域的运用。

本书的现实意义主要体现在以下几个方面,首先,本书提出的文创 IP 价值评估方法有利于投资者对文创 IP 价值的判断。目前较多投资者看好文创 IP 的发展前景,大量投资文创 IP,文创 IP 价值评估方法有利于投资者对文创 IP 进行初步判断,避免出现投资失败的情况。其次,文创 IP 价值评估方法的提出有利于监管部门对文创 IP 价值的判断,提升政府监管部门对文创 IP 产业的管理效率。最后,文创 IP 价值评估方法有利于我国新文创 IP 交易平台的建立。目前我国新文创 IP 交易平台已有雏形,但是平台上仍未有交易案例,文创 IP 价值评估可帮助平台判断上架 IP 商品的价值,有助于新文创 IP 交易平台健康发展。

目 录
CONTENTS

第一章 引 言 ··· 1
  一、研究背景和意义 ·· 1
  二、文献综述 ·· 4
  三、研究内容与框架 ·· 11
  四、研究思路与创新点 ·· 12
  五、技术路线 ··· 13

第二章 文创 IP 价值评估方法的理论基础 ···························· 14
  一、文化产业的发展现状及趋势 ······································· 14
  二、文创 IP 的定义 ··· 20
  三、文创 IP 的发展历程和趋势 ·· 23
  四、文创 IP 的价值链分析 ·· 29
  五、文创 IP 价值影响因素 ·· 30
  六、本章小结 ··· 33

第三章 文创 IP 价值评估模型的构建与优化 ························ 34
  一、评估对象的确定 ·· 34
  二、文创 IP 价值评估方法适用性分析 ······························· 35
  三、文创 IP 价值评估模型的构建与优化 ···························· 38
  四、本章小结 ··· 57

第四章 影视类文创 IP 价值评估案例分析 …… 59
  一、《大闹天宫》IP 价值评估案例分析 …… 59
  二、《铠甲勇士》IP 价值评估案例分析 …… 75
  三、本章小结 …… 88

第五章 游戏类文创 IP 价值评估案例分析 …… 90
  一、《王者荣耀》IP 价值评估案例分析 …… 90
  二、《原神》IP 价值评估案例分析 …… 106
  三、本章小结 …… 120

第六章 博物馆文创 IP 价值评估案例分析 …… 121
  一、陕西历史博物馆简介 …… 121
  二、陕西历史博物馆 IP 文化衍生品开发策略 …… 124
  三、改进文创 IP 价值评估方法在陕西历史博物馆文创 IP 中的应用 …… 125
  四、本章小结 …… 136

第七章 社交类文创 IP 价值评估案例分析 …… 137
  一、猪小屁 IP 所属公司简介 …… 137
  二、猪小屁原创形象 IP 及衍生品的介绍 …… 138
  三、改进文创 IP 价值评估方法在原创形象 IP 中的应用 …… 139
  四、本章小结 …… 151

第八章 结论、建议与局限性 …… 152
  一、结论 …… 152
  二、建议 …… 153
  三、局限性 …… 154

参考文献 …… 156

后　记 …… 161

第一章 引 言

一、研究背景和意义

（一）研究背景

随着经济全球化的到来，文化与科技的结合日益紧密，我国的文化创意产业（简称"文创产业"）也得到了快速发展。文创产业逐步成为文化行业的核心，成为我国经济新的增长点，获得了政府的高度重视。2020年习近平在湖南考察时提出，文化和科技融合，既催生了新的文化业态，延伸了文化产业链，又聚集了大量创新人才，是朝阳产业，大有前途；谋划"十四五"时期发展，要高度重视发展文化产业，要坚持把社会效益放在首位，牢牢把握正确导向，守正创新，大力弘扬和培育社会主义核心价值观，努力实现社会效益和经济效益有机统一，确保文化产业持续健康发展。除此之外，我国政府为促进文化创意产业的发展，制定了相关政策和文件。为了完善全国城乡公共文化服务体系，提升文化自然遗产保护水平，推动"十四五"时期文化旅游融合和高质量发展，2021年4月，国家发展和改革委员会、中央宣传部、住房城乡建设部、文化和旅游部等联合印发《文化保护传承利用工程实施方案》，提出推动"十四五"时期文化和旅游融合提升和高质量发展。与此同时，为了打造中国特色文化产业，各地政府响应号召，开启了打造"IP+文化创意"的商业模式热潮，经济发展趋向于"绿色化、经济化、高效化"。

在国家政策的支持下，文创产业逐步被社会各界所关注，文创IP这一概念日益深入人心，文创IP包含的内容也逐步增加，目前它涉及影视娱乐、博物馆、社交、游戏等诸多方面，并且作为一种新的文化生产方式受到大众的欢迎和认可。文创IP作为一种新兴产业，是一种以创意为核心的高净值产业。在当今多元化的市场需求下，市场上围绕文创 IP 出现了"文创 IP+影视娱乐""文创 IP+游戏""文创 IP+体育""文创 IP+博物馆"等产品和相应的衍生品。原仓 IP 数据库显示，2021 年 12 月，影视类中迪士尼的 IP 衍生品月收入达到 13 800 万元，巴布豆的 IP 衍生品月收入达到 16 600 万元，小黄鸭的 IP 衍生品月收入达到 6 477.72 万元。体育类中，美国职业棒球大联盟的 IP 衍生品月收入达到 19 300 万元，NBA 的 IP 衍生品月收入达到 6 495.9 万元，我国英雄联盟职业联赛的衍生品月收入达到 172.62 万元。艺术类中，故宫博物院的 IP 衍生品月收入达到 8 159.91 万元，苏州博物院的 IP 衍生品月收入达到 178.53 万，中国国家博物馆的 IP 衍生品月收入达到 361.26 万元。除此之外，艺术类、游戏等其他 IP 衍生品也创造了极高的价值。

文创 IP 作为文化产业链的重要源头，对企业发展有着重要意义。例如，2019 年，《英雄联盟》为腾讯贡献了 7%的线上游戏收入；《超级飞侠》《喜羊羊与灰太狼》《铠甲勇士》《巴啦啦小魔仙》《萌鸡小队》等经典 IP 作品，为奥飞娱乐贡献了超过 5 000 个产品专利，打造出数万个畅销全球的动漫衍生品，涉及玩具、文具、服装、日化等各消费类产业，累计拉动周边产业总值上千亿元。除此之外，文创 IP 也是企业的代名词以及形象，不仅有利于拉近企业与消费者之间的距离，提高产品销售量，而且有利于提升企业知名度，提升投资者对企业的关注度，带来新的经济效益。

随着互联网+文创 IP 的发展，文创 IP 逐步成为企业无形资产的重要组成部分，给企业带来较大的经济收益，有利于企业价值最大化。但是文创 IP 属于无形资产，而无形资产的非实体性使得财务人员较难识别和判断文创 IP 的价值，故财务报表中较难体现其价值，较多文创 IP 尚未出现在财务报告中，文创 IP 存在入账难的问题。因此，急需解决文创 IP 价值难衡量、入账难的问题。

文创 IP 价值评估可以有效地解决其入账难的问题，然而通过研读文创产业、文创产品以及文创 IP 价值相关的文献，我们发现，虽然 IP 价值评估的文献较多，但是关于文创 IP 价值评估的研究寥寥无几。并且，由于文创 IP 种类繁多，价值类型不确定，文创 IP 价值评估现有方法存在不足。以往的文献主要采用的是市场法、收益法和成本法的定性分析，即使有定量分析，也因数据受限，多采用因子分析法和层次分析法，模型较单一。本书将利用原仓 IP 数据库提供的 IP 相关数据，结合文创 IP 的特点，通过分析文创 IP 的收益模式、文创IP价值的影响因素以及评估方法的适用性，选择采用收益法对文创IP进行评估。但是传统收益法在对文创IP进行评估时，存在收益额、收益期限以及折现率无法确定的问题，故本书将对传统收益法进行改进，针对不同的文创IP（游戏类文创IP、社交类文创IP、影视类文创IP以及艺术类文创IP）分别构建游戏类文创IP价值评估模型、社交类文创IP价值评估模型、影视类文创IP价值评估模型以及艺术类文创IP价值评估模型。

（二）研究意义

1. 理论意义

第一，弥补现有IP价值评估方法的不足。通过查阅文献我们发现，关于文创IP价值评估方法的研究主要采用的是市场法、收益法和成本法的定性分析，即使有定量分析，也因数据受限，多采用因子分析法和层次分析法，模型较单一。目前还未发现有学者从定量分析的角度去探索文创IP价值评估方法。本书以文创IP价值评估方法作为研究对象，使用原仓数据库，构建文创IP衍生品未来收益预测模型，通过层次分析法和专家打分法获得文创IP的未来收益，并通过选取可比案例判断IP收益。这不仅能够为文创IP价值评估研究提供学术参考意义，而且能够给文创IP价值评估体系建设提供理论思路。

第二，拓展了资产评估在文创IP价值评估方面的应用。本书将构建文创IP价值评估方法，极大地拓展了资产评估方法在文创IP价值评估中的应用，使得文创IP价值评估变得合理且具有实操性。

第三，有利于实现文创IP产业链的价值开发。文创IP的衍生品是文创产业链最主要的盈利点，对文创IP价值的评估，有利于实现文创IP衍生品价值的最大化，实现IP产业链的价值开发。

第四，为文创IP交易定价提供依据，有利于文创IP的改编授权。目前在我国，文创IP知识产权的交易缺乏定价依据，很多优质的文创IP创作者并未得到应有的回报，一定程度上会影响文创IP创作和开发的积极性、主动性。另外，近几年"文创IP+"模式的出现促进了各大产业之间的合作，实现了文创IP知识产权价值的最大化，进一步推动了文创IP产业的持续发展。但是若文创IP的价值未得到准确的判断，可能会限制文创IP产业发展的广度和深度。

2. 实践意义

第一，为社会赋予正能量精神，引领社会经济的良性发展。文创IP在经济发展和物质丰富的背景下应运而生，时代赋予文创IP更强的社会价格和生命力。通过研究文创IP的影响因素，我们可以看到文创IP在一定程度上满足了消费者在精神层面的需求，激发了消费者的正能量，同时也有利于推动经济的良性发展。

第二，有利于政府监管部门对文创IP产业的管理。文创IP是新兴产业，尚未形成一个完整的监管体系。本书研究涉及的文创IP价值评估，为政府部门监管部门对文创IP行业的管理提供了价值参考，有利于相关部门制定相应的政策。

第三，有利于稳定文创IP交易市场。目前来看，文创IP市场不够活跃，很难得到文创IP的精准价值。本书对文创IP的深入研究，明确了文创IP交易市场评估价值的计算方法，有利于市场机制的健全，有利于推动IP市场稳定健康发展。

第四，有利于引起投资者对文创IP的关注。近几年，随着IP概念的发展，具有中国元素的文创IP已经成为市场主流，也成为行业风向标。虽然文创IP是最热的投资风口，但也是一个高风险的投资产业。本书对文创IP价值评估方法的研究，能够帮助投资者明确文创IP的具体价值，引起投资者对文创IP的合理关注。

二、文献综述

（一）国内外相关研究的学术史梳理和研究动态

1. IP的界定

迪士尼是世界上文创IP产品最多的公司，获得了巨额收益和商品附加值。与这一巨大IP相比，我国文创产业还位于起步阶段，为了满足消费者的精神需求，建立文化自信，我们需要打造以IP为核心的新文创。

IP作为新文创的核心内容，是互联网时代传统媒体和新媒体融合发展的产物。理论界和实务界在对IP进行研究时，对各类型IP的定义也是千差万别的。朱梦培（2016）提出，IP是指那些广受大众认可，具有很大潜力的文学和艺术作品。姜璐（2017）指出，文创产品本身就带来准确的消费者定位和现成的粉丝基础，容易获得市场的青睐，而且其核心内容就是 IP 内容。徐雪霏（2018）提出，单一的 IP 开发形式已不能满足受众的多元化需求，只有实现 IP 全产业链开发，才能实现 IP 价值的持续放大，同时反哺 IP，加速塑造超级 IP 形象，实现互联网时代创意的跨界整合，形成 IP 共振。钟群英（2021）认为，IP 是那些具有高关注度、大影响力并且可以被再生产的创意性知识产权。王茹（2022）认为，IP 是英文"intellectual property"的缩写，直译为"知识产权"，在互联网界已有所引申。知识产权范围广泛，不仅包括发明、外观设计，还包括图片、商标、标志等。

2. 文创 IP 的影响因素

文创 IP 的影响因素是评估文创 IP 价值时需要考虑的一个重要因素，对 IP 的评估价值有着直接影响。蔡尚伟和钟勤（2012）认为，在不同行业，文化产品有不同的表现形式，出版行业主要是指著作权，体育行业主要包括转播权、冠名权等。此外，文化行业的特征主要表现为可衍生性、价值隐形和传播至上等。王锦慧和白敬璇（2016）从创意阶段、播出阶段和营销推广阶段分析影视娱乐行业价值评估的影响因素，指出：在创意阶段，IP 价值的影响因素是 IP 的知名度、影视娱乐的主创团队和可转化性，其中知名度主要以 IP 的阅读量、点击量和销量等来衡量；在播出阶段，主要受播出渠道和时间的影响；在营销推广阶段，主要影响因素是微博话题阅读量、百度搜索指数和平台互动次数等。龚可昕（2017）认为，网络文学 IP 价值评估的影响因素主要是受众全体、题材的新颖性、改编的可行性和政策限制等。刘怡明（2021）指出，文创产品价值评估的影响因素为企业品牌调性、用户文化体验和绿色的消费理念。

3. 知识产权价值评估方法

由于文创 IP 这一主题文献较少，大多数的研究围绕知识产权（IP）这一关键词展开，且本书重在讨论文创 IP 价值评估方法，因此，本部分主要对知识产权（IP）价值评估方法的研究成果进行梳理。

第一，成本法是通过计算研发成本以确定知识产权价值的一种评估方法。菲利普斯（Phillips，1993）在研究中得知，在运用市场法对知识产权价值进行评估时，比较指标选取的不同会影响知识产权的价值，只有选择与被评估对象可比性最高的指标，才会使评估结果更加准确。霍里等（Khouy et al.，2001）将知识产权的评估方法与国内科学技术的成熟相关联，发现当技术市场特别成熟，科技还没有发展时，成本法是最适合评估知识产权价值的方法。胡琴和郑向前（2009）通过案例研究和相应的理论分析，阐述了在对无形资产进行价值评估时成本法的具体应用。杜爽（2019）认为，运用成本法评估质押的知识产权时，未考虑到资产的未来预期收益，不能达到良好的评估效果。侯海旺（2019）指出，成本法虽然遵循了市场规律，能够客观真实地反映利润水平，有利于决策者预测分析，但是由于知识产权自身形成的长期性和存在形态，给成本法的运用带来了极大的困难，而且成本法用静止的眼光看问题，很难有效应用。

第二，市场法是通过比较知识产权与市场上售出相似资产的异同，并将相似案例的交易价格进行修正以得到知识产权价值的一种评估方法。霍里等（Khouy et al.，2001）认为，当技术市场非常成熟时，市场上交易案例增多，市场法是最优选择。郑思成（1998）分析了市场法在知识产权价值评估中的适用性，提出由于知识产权具有排他性，难以获得近似的交易案例，因而市场法较难实行。郑倩（2011）指出，我国的知识产权市场并不活跃，市场法的相关参数在市场上很难收集，但是我们必要时可以参照海外市场的相关指标。侯海旺（2019）表明，市场法在交易市场完备的条件下是最优的方法，可知识产权的专有属性限制了市场法的应用。严晓宁和孙沛霖等（2021）认为，市场法在知识产权评估中由于缺乏价值评估数据库、可比的指标体系和案例价值影响因素修正值的测算，并未得到广泛的应用。

第三，收益法是通过估算知识产权经济寿命期内的预期收益并以适当的折现率折算成现值的一种评估方法。霍里等（Khouy et al.，2001）提出在技术市场开始发展、科技也有一定普及度时，收益法比较适合评估知识产权。苑泽明等（2012）通过因子分析法构建专家打分表，以确定知识产权质押价值评估中收益分成率的影响因素及其权重。曾琳琳（2013）根据评估理论和方法对收益法中的各个参数进行了探讨，最终得到收益法更加符合财务分析的要求，可以有效地反映无形资产未来预期的结论。林青（2019）提出，应采用收益法评估非物质文化遗产知识产权的价值。李新爱和高智伟（2019）认为，在运用收益法对知识产权价值进行评估时，知识产权的获利年限是不确定的，法律成文规定的年限并非一定是获利年限。随着获利年限的动态变化，学者采用收益法评估知识产权的过程中要合理地选择参数。郑倩（2021）认为，在使用收益法对知识产权价值进行评估时，需要对获利的现金流进行量化，确定折现率和有效的使用期限，从而确定资产的价值。但是折现率固定不变的假设并不符合实际条件，因此在收益法的运用当中，要考虑预期净收益和折现率之间的差异，动态地对知识产权价值进行评估。

4. 关于IP其他文献的研究

第一，关于影视类文创IP价值评估的研究综述。阮咏华（2014）指出，影视类文创IP属于轻资产，其价值具有较大的波动性，且随着时间推进，影视类文创IP价值下降幅度较大。王宪（2016）认为，电视版权的价值一般是指其在交易和传播的过程中产生的经济价值，同时电视剧的商业价值主要表现在直接盈利、开发衍生品和品牌影响力三个方面。金韶（2017）指出，影视类文创IP的价值不限于版权价值，并且由于影视的版权价值难以进行有效的评估，IP价值出现虚高的现象。对影视类文创IP价值进行评估时，应当通过市场以及作品本身去寻找它的价值。通过将影视类文创IP分为前期、中期以及后期三个时期，对应三种不同的评估维度，对三个维度的每一个指标进行赋分来评估IP的价值。龚可昕（2017）认为，评估影视类文创IP价值时，需要考虑到IP影响力、受众群体、题材的新颖程度、IP题材改变的可行性，以及政策对于IP影视的限制。徐晓芳（2018）对网络文学IP进行研究，指出网络文学IP会受到受众需求的影响。其中，受众有三种需求，分别为追随IP的需求、达到期待需求和心理满足需求。宁哲等（2019）认为，网络文学改编为影视作品需要有四个主要因素，分别为改编IP、出版公司、导演以及演员。我们可以通过层次分析法对这四种因素进行测算，得出收益分成率，最后运用收益法计算出相应的影视类文创IP价值。桑子文和金元浦（2019）对网络文学IP价值评估的方法进行研究，指出其价值核心在于用户所能够提供的价值以及获取用户所需要的成本，与此同时，在对网络文学IP价值进行评估时，也需要考虑到宏观因素所带来的影响，并提出网络文学IP可采用DPCT模型进行评估。田莹莹和胡安琴（2012）认为，动漫价值评估有利于保护创作者的积极性，提供正确的投资方向，保护创造者的利益，增强知识产权保护。他们认为，影视类文创IP分为三种：一为图书、杂志等；二为电影、网络动漫等；三为动漫衍生品以及后续开发。动漫产业链开发延伸度越大，其所涉及的价值评估类型就越多，因此不仅要关注动漫作品本身，还要关注其相关衍生品。李兵（2014）指出，关于影视类文创IP价值的评估主要是指权力技术型、关系型和衍生型无形资产价值的评估。通过对动漫形象的研究，张志红和付其媛（2016）指出，影视类文创IP形成的过程需要经过多种环节，会使得影视类文创IP的价值影响因素较多且较为复杂，因此，传统的评估方法很难对影视类文创IP价值得出较为准确的估值。邱章红（2017）认为，电影IP可以划分成不同的阶段形态，可以根据不同的阶段形态，构建电影IP价值驱动的层次分析价值评估体系，同时也为网络小说、影视类文创IP等其他IP提供了宝贵的借鉴之处。由于互联网的大力发展，影视类文创IP受到了新的冲击，以及价值链上新的革新。肖晓帆和陈柏福（2019）对"互联网+"模式下的影视类文创IP研究发现，互联网促进了对影视类文创IP行业价值板块、运营板块、营销板块以及盈利板块的综合创新，推动了影视类文创IP价值链的调整及优化，以及动漫产业的转型和繁荣发展。关于影视类文创IP价值链方面，陈久会（2021）认为有上游、中游以及下游价值链。上游价值链主要由影视类文创IP的核心（即研发、创作、设计等方面）构成。中游价值链主要为影视类文创IP的传播渠道，如电视、电影院等。下游价值链主要为IP衍生品，为影视类文创IP形成长期的效益。晏律（2021）认为，影视类文创IP的价值是指品牌的授权和衍生品销售带来的商业价值，这种商业价值的实现使得影视类文创IP在市场上的影响力和消费者认可的力度逐渐增大，推动了影视类文创IP价值的提升。

第二，体育IP方面的价值评估研究。胡锐翔和肖代柏（2022）认为，体育IP分为体育赛事IP、体育明星IP、体育俱乐部IP和体育场馆IP四类。林剑（2016）指出，我国体育IP处于高速发展阶段，但是其势力还较为薄弱，需要经过长期积累，发展潜在客户，提升品牌价值。我国体育IP拥有的资源并不多，市场并不完善，规模较小。首先，对于体育IP的界定分为两种：其一，德雷尔等（Dreyer et al.，2017）认为，体育IP为体育赛事的知识产权；其二，李思思（2017）指出，体育IP就是相关赛事的产权及相关衍生品。其次，体育IP价值的影响因素颇多。施颖莉和刘强（2020）认为，互联网平台的宣传可以增加体育IP的曝光度，提升体育IP的价值。李威（2016）认为，我国体育赛事水平较低，赛事版权大多由央视垄断。企业要通过旗下体育IP主导发展线上线下互动，增强消费者与IP的黏性，创造互联网盈利模式。李庆（2016）认为，拥有体育经纪IP和体育内容IP等优质IP，可以为品牌和优质IP的嫁接抢占一席之地，推动体育用品的营销。龚韬（2019）认为，应当通过开展多种体育赛事、参加多种体育活动来提升IP价值。胡锐翔和肖代柏（2022）认为，体育IP分为体育赛事IP、体育明星IP、体育俱乐部IP和体育场馆IP四类。

第三，游戏类文创IP的价值评估相关文献研究。游戏类文创IP这一概念是在近几年才兴起的，是互联网行业的热门词汇，但是游戏类文创IP的具体定义尚不明确。杨霄楠（2014）指出，2014年是手游IP年，将公司品牌与IP相结合，实现IP化。林雨（2019）提出，游戏类文创IP是具备开发潜力、自带话题和影响力的产品。赵欣悦（2022）认为，游戏类文创IP主要有两类，分别是原创游戏类文创IP和改编游戏类文创IP，游戏类文创IP的跨界联动形式将成为游戏行业发展的动力。朱晓莉（2018）认为，游戏类文创IP价值受到宏微观经济、行业政策、行业前景以及市场供求等外部大环境的影响。除此之外，游戏类文创IP本身的成本、获利能力、技术、使用、费用等内部因素也对游戏类文创IP有着较为显著的影响。任杰等（2015）将实物期权法应用于游戏类文创IP的价值评估上，将未来会获得的游戏类文创IP收益分为两大类，第一类为消费者带来的未来现金流的现值，第二类为游戏类文创IP后续衍生品开发的版权。他们将游戏类文创IP看作看涨期权，进行实物期权评估，运用收益法计算出IP价值。陈琳文（2018）将影响未来收益的因素分为可知与不可知，运用灰色系统理论预测未来收益，估算出游戏类文创IP的价值，为游戏厂商以及游戏价值评估提供了新的思路，但其使用的模型中还存在一定的不完整性，有待进一步提升与改善。李恒（2015）认为，游戏类文创IP应当分为不同阶段，分别对IP价值进行评估。测试期具有技术风险以及法律风险，应当使用成本法进行评估；对于成长期的游戏类文创IP，将会有更多的机会获得超额收益，运用成本-收益模型能够更加准确地评估出价值；成熟期的用户群体将会减小，其预期收益也将出现递减，将收益法与层次分析法相结合，能够较为合理地估算出IP价值。蒋昊原（2018）运用品牌信用指数模型这一新方法对游戏类文创IP进行了评估，将影响游戏类文创IP价值的因素分为外部环境因素、游戏品质因素、市场营销因素以及政策因素。通过TBCL构造模型，得出相应的游戏类文创IP价值。

第四，艺术设计IP相关文献研究综述。艺术设计是新时代新文创的一种，也是新媒体的营销策略。陈少峰、李源（2017）认为，通过IP巡回孵化，能够增强用户黏性，提高IP价值。IP的巡回孵化分为改编成为漫画、动画片、电影等新的演绎形式的横向孵化，以及通过加大受众面从而扩大消费人群的纵向孵化。梁露茜（2022）认为，艺术类文创IP能够比较容易与用户建立相关联系，具有较强的可调整性，能够根据文化的不同加以改变，且能够通过与商品的结合增加IP的传播路径。涂俊仪和陆绍阳（2019）指出，泛娱乐时代的IP主要是围绕粉丝经济运行的，新文创时代的文创IP的实质就是经过市场验证的用户情感承载，或者说是在创意产业里面，经过市场检验的用户需求。姜旬恂（2019）提出，原创内容的多元化、个性化的体验、精准化的营销赢得了受众的广泛认可和肯定。受众需求变化是短视频行业发展的根本驱动力，在复杂的市场环境下，团队化、品牌化运营培育品牌核心竞争力，成为短视频IP创建和发展的关键。王文婷（2021）认为，微信公众号的用户黏度、抖音号、微博话题都是当今时代生态化的多元主体，对文创产品的营销可以发挥大V效应。葛瑶（2021）指出，艺术类文创IP通过三个方面构造出来，首先通过艺术类文创IP的设计进行加工，创造出属于自己的品牌，其次要对品牌加以营销，将品牌打造得更加多元化，最后通过用户对IP的形象意愿进行收集，加以改造，创造出更好的艺术类文创IP。通过IP形象的流转与构造，不间断地促进文化交流，将小众化的IP转变为大众化的大型IP，形成良好的循环，最终促进艺术类文创IP的发展。

（二）文献述评

通过上面的文献分析，本书得出如下结论：

第一，国内外关于文化创意产业的研究较多，而涉及文创IP与文创IP价值的相关研究较少。关于IP的概念，以往研究者都有各自的见解和清晰的定义，但是还未对文创IP的定义给予确定。本书中，IP不仅是知识产权，也包括具有大量粉丝的专有权利。

第二，在文创IP的影响因素文献分析中可以看到，针对不同的IP类型，影响因素是不同的，文创IP在不同发展阶段，其价值评估的影响因素也存在差异性。但是就目前来看，文创IP价值及其衍生品的价值与互联网息息相关，例如，粉丝的地域分布、电商的店铺数和文创IP的受众年龄等。本书将这些因素涵盖其中，构建收益预测模型并进行分析。

第三，在国内外对知识产权价值评估的研究中，相关学者主要采用三大评估方法的定性分析，模型较为单一，不能反映知识产权的特点，且研究文创IP价值评估的文献较少，所以本书将采用实证分析方法，检验各因素对文创 IP 价值的影响程度，深入研究文创 IP 价值评估方法。

第四，大多数文创 IP 价值评估的相关研究主要是理论分析和定性研究，并没有具体的数据作为支撑，缺乏构建模型的实证分析。故本书采用实证分析确定文创 IP 衍生品收益预测模型，拓宽了文创 IP 价值评估的实证研究。

第五，将文创 IP 进行细化，分别对社交类文创 IP、影视类文创 IP、艺术类文创 IP 和游戏类文创 IP 的价值评估相关文献进行研究，并提出影视类文创 IP、社交类文创 IP、艺术类文创 IP 和游戏类文创 IP 价值评估模型，有利于企业有效地识别影视娱乐 IP、社交类文创 IP、艺术类文创 IP 和游戏类文创 IP 对企业价值的贡献，合理规划文创 IP 的发展目标。

三、研究内容与框架

（一）研究对象

本书的研究对象为文创 IP，旨在提出文创 IP 价值评估方法。为了便于理解文创 IP 价值评估方法，本书分别选取社交类文创 IP、影视类文创 IP、博物馆文创 IP 和游戏类文创 IP 的四个相关案例，运用相关数据和构建的文创 IP 价值评估模型，分别对其价值进行评估。

（二）总体框架

本书包括以下三个方面的具体内容：

第一，构建文创 IP 评估方法论体系，并分析主要因素对文创 IP 未来收益的影响机理。根据文创 IP 资产特征，明确文创 IP 价值评估涉及的问题阶段、目标任务、工具方法等，构建以找到我国文创 IP 价值评估适用性方法为目标的方法论体系；分析目前我国常用评估方法在文创 IP 价值评估中的适用性，明确收益法是首选评估方法。文创 IP 可分为社交类文创 IP、游戏类文创 IP 和影视作品 IP 等，不同区域、不同类型、不同的利用方式均会对文创 IP 资产的未来收益产生影响，因此，本书将分析主要因素对文创 IP 资产未来收益的影响机理。

第二，建立文创 IP 价值评估模型。根据文创 IP 衍生品未来收益的影响机理分析，识别影响较大的因素，以其作为影响文创 IP 衍生品的未来收益的特征因素；构建文创 IP 衍生品收益预测模型；采用层次分析法剥离出文创 IP 收益，获得文创 IP 收益预测模型，将文创 IP 收益预测模型带入收益法，建立文创 IP 价值评估模型。

第三，选取案例，使用文创 IP 评估模型对其进行评估。分别选取影视类文创 IP、社交类文创 IP、博物馆文创 IP 和游戏类文创 IP 的四个案例，使用文创 IP 价值评估模型对其进行评估。

四、研究思路与创新点

（一）研究思路

首先，根据国家相关政策和整体发展情况，了解文化产业和文创 IP 的整体发展趋势，聚焦相关的研究重点，并提出研究方向。

其次，通过查阅 IP 的界定、IP 价值的影响因素和知识产权价值评估方法等方面的文献，了解目前文创 IP 的具体概念、影响因素和主要评估方法，提炼出具体研究内容。

再次，通过三大基本方法的适用性分析，我们发现收益法最适用于文创 IP 价值评估。在本书中，实证研究方法是主要研究方法之一。第一，本书将文创 IP 分为四类（社交类文创 IP、博物馆文创 IP、游戏类文创 IP 和影视类文创 IP），采用实证研究方法分别检验社交类文创 IP、博物馆文创 IP、游戏类文创 IP 和影视类文创 IP 的收益影响因素。第二，根据四类文创 IP 的回归实证结果，构建文创 IP 衍生品收益预测模型。第三，将文创 IP 衍生品收益预测模型带入收益法，建立文创 IP 衍生品价值评估模型。第四，运用层次分析法，将文创 IP 的价值从 IP 衍生品价值中剥离。

最后，案例研究方法也是本书的主要研究方法之一。本书选取了四个文创 IP 案例，采用文创 IP 价值评估模型对其进行评估。

（二）创新点

本书的创新点主要体现在以下几个方面：

第一，建立文创 IP 价值评估模型。本书将建立文创 IP 收益预测模型，并把文创 IP 收益预测模型带入收益法，构建文创 IP 价值评估模型。

第二，构建文创 IP 方法论体系。本书将根据文创 IP 资产特征，明确文创 IP 价值评估涉及的问题阶段、目标任务、工具方法等，构建以找到我国文创 IP 价值评估适用性方法为目标的方法论体系。

五、技术路线

本书以文创 IP 价值评估为研究对象，研究文创 IP 价值评估的方法。具体的技术路线如图 1-1 所示。

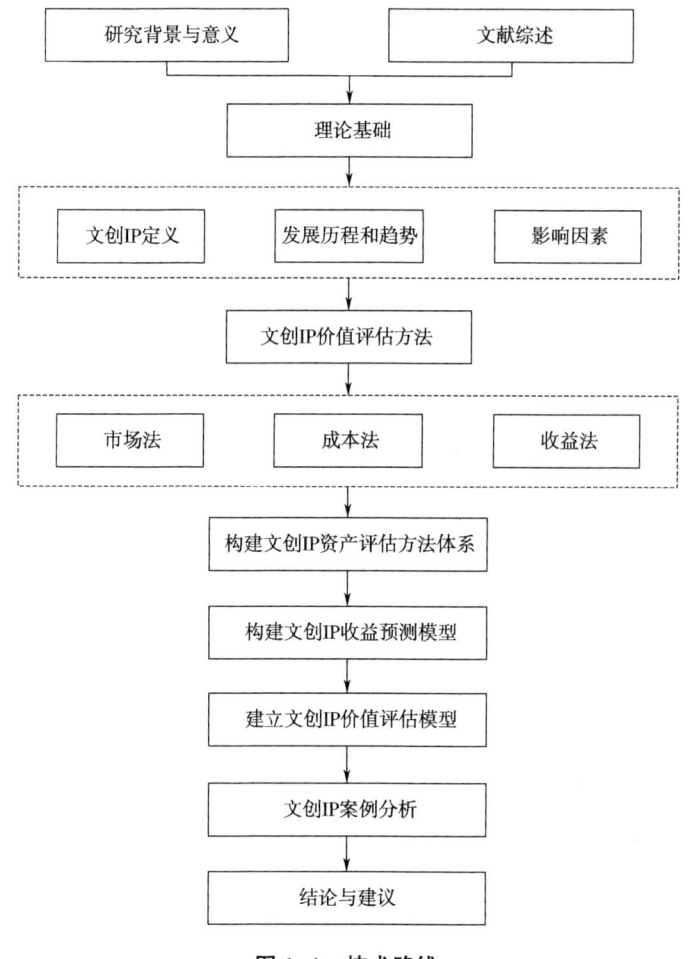

图 1-1 技术路线

第二章 文创 IP 价值评估方法的理论基础

一、文化产业的发展现状及趋势

（一）文化产业的定义

至今"文化产业"这一概念未有一个准确的定义，最早，威廉姆斯（Williams，1981）提出，文化产业是社会群体的生活全貌，由此定义可知，与社会群体生活相关的产业均为文化产业，那么，我们吃喝的食物、生活所用的器具、出行所用的交通工具均是文化产业的一部分，这似乎和当下的文化产业的现状存在不符。

2003 年 9 月，中国文化部（即今文化和旅游部）制定下发了《关于支持和促进文化产业发展的若干意见》，将文化产业界定为："从事文化产品生产和提供文化服务的经营性行业。文化产业是社会主义文化建设的重要部分。"此定义与中国文化产业发展的现状完全相符。本书将遵照此定义进行接下来的研究。

（二）文化产业的分类

根据中国文化部给出的文化产业定义，我们认为文化产业大体可以分为以下几类：

第一，广播与电视产业。广播与电视产业包括新的有线电视、卫星电视以及数字电视。

第二，电影产业。电影产业包括以录像、DVD 和其他形式为载体的电影的发行以及在电视上的播放。

第三，音乐产业。音乐产业包括唱片（电子唱片、光碟唱片）、出版以及现场演出。

第四，视频与游戏产业。视频与游戏产业主要包括制作视频、传播视频、制作游戏与授权游戏等。

第五，广告、市场营销、公共关系。

第六，网络设计产业。

第七，周边文化产业。周边文化产业包括艺术品制作、展览以及出售。

第八，体育产业。体育产业主要包括各种赛事的转播、赛事场馆的租赁以及体育周边产品的售卖。

（三）文化产业发展的制度背景

本部分将与文化产业、文创 IP 相关的法律法规以及意见进行大致梳理，如表 2-1 所示。

表 2-1　文化产业相关法律法规和意见

法律/法规/规划/意见	名　　称	出台时间
法律类	《中华人民共和国电影产业促进法》	2016 年
法律类	《中华人民共和国公共文化服务保障法》	2016 年
法律类	《中华人民共和国非物质文化遗产法》	2011 年
法律类	《中华人民共和国著作权法》	1990 年
法律类	《中华人民共和国文物保护法》	1982 年
规划类	《"十四五"文化发展规划》	2022 年
行政法规类	《中华人民共和国文物保护法实施条例》	2003 年
行政法规类	《出版管理条例》	2001 年
行政法规类	《印刷业管理条例》	2001 年
行政法规类	《著作权集体管理条例》	2004 年
管理规定类	《互联网文化管理暂行规定》	2011 年
管理规定类	《进一步支持文化企业发展的规定》	2018 年
管理办法类	《艺术品经营管理办法》	2015 年
意见类	《国务院关于推进文化创意和设计服务与相关产业融合发展的若干意见》	2014 年
意见类	《国务院办公厅关于推进基层综合性文化服务中心建设的指导意见》	2015 年

续表

法律/法规/规划/意见	名称	出台时间
意见类	《新闻出版总署关于加快我国数字出版产业发展的若干意见》	2010年
意见类	《新闻出版总署关于进一步推动新闻出版产业发展的指导意见》	2010年
意见类	《文化部推动数字文化产业创新发展的指导意见》	2017年

数据来源：作者根据相关资料整理。

（四）文化产业的发展现状分析

为了进一步了解文化产业的整体发展状况，我们统计了2010年至2021年A股文化产业上市企业数据，从微观的角度分析文化行业的发展情况。

从表2-2中可以看出，2010—2021年，文化产业的上市企业由147家发展至303家，企业规模由2 809亿元提高到24 704亿元。总体来看，随着国家对文化行业的重视，以及人民物质生活水平的提升，文化产业发展态势平稳向好，文化产业上市企业数量逐年增加，规模实现稳步增长。

表2-2 文化产业上市企业的基本情况

年份	企业数量（家）	企业规模（亿元）
2010	147	2 809
2011	167	4 117
2012	178	5 421
2013	180	6 307
2014	187	7 792
2015	205	10 772
2016	227	15 389
2017	265	19 191
2018	280	22 159
2019	284	22 594

续表

年份	企业数量（家）	企业规模（亿元）
2020	288	22 286
2021	303	24 704

数据来源：国泰安数据库。

我们按照国家统计局对经济地带的划分，把文化产业分为四个区域，并分析其上市公司情况。从表2-3可以看出，首先，文化产业上市企业数量区域差异较大，大部分文化产业上市企业集中在东部、中部，西部和东北部地区的文化产业上市企业较少。其次，文化产业上市企业增长速率也存在区域差距。2010年至2021年，东部地区的上市企业数目由79家发展至211家，中部地区的上市企业数目由43家发展至55家，西部地区的上市企业数目由15家发展至23家，东北部地区的上市企业数目由10家发展至14家。2010年至2021年，东部地区的上市企业规模由1 640亿元发展至15 300亿元，中部地区的上市企业规模由836亿元发展至7 240亿元，西部地区的上市企业规模由204亿元发展至1 390亿元，东北地区的上市企业规模由129亿元发展至774亿元。通过上述分析，我们发现，文化产业的上市企业区域发展不均衡，呈现出东部、中部多，西部、东北部少的特点。

表2-3 文化产业上市企业的基本情况

年份	东部 企业数量（家）	东部 企业规模（亿元）	中部 企业数量（家）	中部 企业规模（亿元）	西部 企业数量（家）	西部 企业规模（亿元）	东北部 企业数量（家）	东北部 企业规模（亿元）
2010	79	1 640	43	836	15	204	10	129
2011	97	2 360	50	1 500	10	126	10	131
2012	113	3 240	45	1 900	10	146	10	135
2013	115	3 740	45	2 250	10	177	10	140
2014	119	4 520	48	2 880	10	246	10	146
2015	133	6 520	50	3 720	12	270	10	262
2016	148	9 720	50	4 400	19	820	10	449

续表

年份	东部 企业数量（家）	东部 企业规模（亿元）	中部 企业数量（家）	中部 企业规模（亿元）	西部 企业数量（家）	西部 企业规模（亿元）	东北部 企业数量（家）	东北部 企业规模（亿元）
2017	182	12 600	53	4 880	20	1 090	10	621
2018	195	14 500	55	5 800	20	1 170	10	689
2019	199	14 300	55	6 390	20	1 210	10	694
2020	203	13 600	55	6 760	20	1 240	10	686
2021	211	15 300	55	7 240	23	1 390	14	774

数据来源：国泰安数据库。

从表2-4文化产业上市企业的营收情况来看，2010年至2021年，文化产业上市企业的平均净利润率变化不大。其中，平均净利润率在2010年出现负值，主要原因是2008年的金融危机对文化造成产生影响。而2020年出现负值，主要原因是新冠疫情暴发，使得电影院、线下娱乐活动暂停，而线上文化产业尚未健全，从而导致文化产业受到重创。

表2-4 文化产业上市企业的营收情况

年份	平均营业收入率	平均净利润率
2010	0.420	-0.495
2011	9.955	0.044
2012	0.270	0.039
2013	1.373	0.037
2014	7.072	0.030
2015	2.717	0.035
2016	3.059	0.043
2017	0.475	0.042
2018	0.235	0.006
2019	0.380	0.003

续表

年份	平均营业收入率	平均净利润率
2020	1.523	-0.014
2021	0.512	0.020

数据来源：国泰安数据库。

为了探究文化产业上市企业中各类资产的情况，本书选取无形资产占比、有形资产占比以及固定资产占比作为研究对象，从表2-5可以看出，2010年至2021年，平均有形资产占比保持稳定，在0.900左右浮动；平均固定资产占比下降较明显，由0.192下降至0.079；虽然平均无形资产占比总体也呈下降趋势，但是下降幅度不大。由此发现，无形资产和固定资产同时出现下降趋势，这与实际情况不符。本书认为造成这种情况的原因是，较多无形资产，尤其是IP类资产较难入账，使得统计出现误差。

表2-5 文化产业上市企业资产占比情况

年份	平均无形资产占比	平均有形资产占比	平均固定资产占比
2010	0.067	0.915	0.192
2011	0.059	0.926	0.154
2012	0.066	0.920	0.156
2013	0.045	0.937	0.165
2014	0.044	0.898	0.159
2015	0.035	0.841	0.107
2016	0.034	0.813	0.086
2017	0.036	0.840	0.085
2018	0.037	0.855	0.082
2019	0.038	0.888	0.080
2020	0.040	0.907	0.083
2021	0.037	0.925	0.079

数据来源：国泰安数据库。

二、文创 IP 的定义

(一) 文化创意的相关概念

文化创意泛指有创意的人利用自己的智慧、技能和才能，借助现代科技创造和提升文化资源，通过知识产权的开发和应用，生产出增值的产品。文化创意产业不仅是对传统文化的简单复刻，更是在传统文化的基础上推陈出新。故而，文化创意产品的创新需要做好优质文化要素的渗透，设计人员应根据大众审美，在产品的形态上融入相关的文化元素，同时也要挖掘文化创意产品的潜在价值，使其发挥最大用处。一般文化创意产品生成的主要机理包括两个方面：一是文化创意产品开发的基础是文化。从文化创意产品的模型设计到产品的生产与开发，都是以文化资源为基础的。与传统文化相比，文化创意产品是现代文化和传统文化的结合，在最大程度上迎合了大众的审美和消费者个性化的需求。二是创新理念是文化创意产品产生的根源。新媒体时代，大众的需求千变万化，设计师需要了解当今时代的潮流，在文创 IP 中融入新的时代元素，展现时代化、个性化的设计理念，这样才能赋予文化产品新的时代内涵，吸引更多的消费者和粉丝。

文化创意产业的特点是：高知识、高附加值以及强融合。首先，文化创意产业是以文化和创意为核心的，是设计者运用自身的知识、灵感创造出的一种产品在市场上流通的过程。该产业还需运用信息、传播技术进行宣传推广，呈现高知识型的特征。其次，文化创意产业是技术创新和研发的高端产业链环节，其价值也会高于普通的产品和服务行业，是一种高附加值产业。最后，文化创意产业的强融合是指其集经济、技术、文化于一身，在满足自身发展的同时，也会带动相关新兴产业及关联企业的发展，全面推动经济的发展，提高国民素质。在新媒体时代，文化创意产业的新特征与文化创意产品是密切相关的。文化创意产品在其设计、生产和销售的任一环节无不展现其网络性的特征，利用泛娱乐时代的资源，加入现代化元素，实现预期的销售目标。因此，无论在任何年代，创意文化都是最具有生命力的文化。

(二) IP 的定义

IP 是指具有高度关注、拥有创意性的知识产权。作为一种有粉丝基础的智力成果知识产权包括商标权、著作权、专利权等。随着文化产业的发展，IP 的内涵不断丰富，在文化产业中，IP 不仅是知识产权，也包括具有大量粉丝基础的专有权利。

清华大学新闻与传播学院教授尹鸿对 IP 的注解为："IP 说的是知识产权，其实也跟我们 IP 地址的那个 IP 有一定的关联性。我们可以理解为具有互联网 IP 价值的知识产权 IP。"文学作品是 IP，影视娱乐是 IP，社交是 IP，游戏和体育也可以是 IP，甚至有些网络词也可以说成是 IP。一般 IP 只要拥有足够的关注度和粉丝基础，在市场中也具备影响力，就可以在资本的推动下实现其商业价值。

新时代常见的 IP 化有品牌符号 IP 化、名人 IP 化和网络电商 IP 化。品牌符号 IP 化主要是指独家的形象代表、虚拟的偶像代言人和品牌符号的 IP 衍生品。所谓符号，一般是指语意和视觉符号，如"国产""平价"这些语意性的符号会吸引部分消费者，促使他们对产品产生一定的好感。名人 IP 化则是人设符号 IP，如网红主播"疯狂小杨哥"直播间出现的产品在淘宝销售时，会打上"小杨哥推荐"的标签符号。不只是网络主播呈现该趋势，一些名人也会创立 IP 品牌，或者与品牌构成 IP 联名。白敬亭借助自身名气创建了"GOOD BAI"时尚品牌，并与"上官喆"合作推出明星设计系列帆布袋，曾创下一分钟内 1.5 万单的销售量。网络电商 IP 化最经典的案例是"双十一"购物节。

(三) 文创 IP 的定义

文创 IP 是指拥有大量粉丝和受众群体的文创产品的知识产权，包括艺术、文学、科技作品等人类一切活动领域内的创意发明。由于有着极富感染力的市场力量，文化和创意知识产权具有无限的潜力，每个元素都可以将其衍生品扩展到许多领域。文化创意知识产权产品又有有形的和无形的之分。虽然它们都能为企业带来价值，但是无形部分是其主干，有形部分只能作为媒介。以玩具为例，其实体部分价值非常低，只起到载体的作用，但是玩具背后的 IP 元素或知识产权才是产品价值的核心。文创 IP 从类型上看可以分为三大类：一是原创的自有 IP，如影视作品《鬼吹灯》、罗布布、李子柒、故宫博物院等 IP；二是公共 IP，如国外的灰姑娘、阿拉丁神灯等超级 IP；三是企业投资开发、经过市场验证、形成身后粉丝基础的私产 IP，如熊大、熊二等。

文创 IP 衍生品是文创 IP 的主要收入来源，文创 IP 衍生品的概念可以从狭义和广义的角度分析。从狭义的角度来说，文创 IP 的衍生品主要是指那些基于文创 IP 授权的商品生产，如特许商品的生产、主题公园、舞台剧等；而广义的文创 IP 衍生品是指原始文创 IP 延伸出来的后续多种载体的变现方式，原始文创 IP 可能是一部小说，也可能是某一 IP 形象，在改编的基础上呈现的影视作品、消费场景、文创艺术品等属于该文创 IP 的衍生品。本书中，我们所研究的文创 IP 的价值主要是狭义的文创 IP 衍生品，包括文创 IP 特许授权的商品。

（四）IP 价值

作为文化资产的一种表现形式，知识产权具有两种属性：文化价值和产业价值。知识产权的文化价值意味着每个知识产权都有一套独特的价值和文化。IP 的商业价值会推动衍生品的发展，使得 IP 衍生品渗透到各大领域，并向消费者展现其独特的艺术风格，传输价值观，进而获得消费者的认可。IP 的价值主要体现在它可以让消费者产生相关联想，减少认知阻碍。IP 的内容会决定 IP 延展的生命力，IP 的延展也会带来更多的价值。因此，我们急需了解 IP 的价值。本书所说的文创 IP 涵盖影视娱乐、体育、艺术设计、游戏等领域，这些 IP 在市场中都具有一定的影响力和粉丝基础，其相应的衍生品也是本书研究的关键。

（五）文创 IP 的价值

在传播过程中文创 IP 会衍生出各种无形资产，在不同开发渠道，文创 IP 也会有不同的价值形式。本书根据以往的文献和文创 IP 在产业链中所表现的价值，将文创 IP 的价值分为市场价值和文化价值。

1. 文创 IP 的市场价值

文创 IP 的市场价值是指在市场经济中，文创 IP 能够取得的价值。从会计的角度看，市场价值又可以分为成本价值和增值价值。成本价值是指文创 IP

从创作、发行到推广阶段所耗费的人力、物力和财力。增值价值则是指文创IP衍生品的开发所能带来的超额收益，超额收益的多少与成本有着密切的关系，但因文化价值的存在，文创IP衍生品的价值会远远高于成本。因此，在文创IP产业链闭环的表现形式中，市场价值一般会用增值价值表示。

2. 文创IP的文化价值

文创IP的文化价值就是文创IP在传播过程中思想、艺术风格和价值观念的总和。文创IP的传播阶段分为成长阶段和成熟阶段。在创作初期，文创IP的影响力并不高，文化价值的影响力度小，并没有完整的文化体系。但是在成熟阶段，文创IP开始对观众的思想观念产生影响，能为产业链输出做出贡献，这样才算达到了文创IP价值的高级阶段，文创IP也才拥有了文化价值。

3. 文创IP的权利价值

文创IP的权利价值一般是指其作为一种知识产权所具备独占性，并且在法律保护的范围内拥有独占使用权和转让权。文创IP产业链在不断开发和创造衍生品的过程中，不仅增加了文创产品的多样性，还对受众人群偏好的控制力有一定的权利价值。

三、文创IP的发展历程和趋势

（一）文创IP的发展历程

我国文创IP的发展历程大致可以分为进行版权开发的萌芽阶段、"泛娱乐"时代的成长阶段和"新文创"时期的成熟阶段三个阶段。

1. 萌芽阶段

我国文创IP产业发展的源头可追溯到2004年，起点中文网推出《小兵传奇》游戏，网络文学IP开始尝试开发除作品阅读以外的版权价值。这一阶段版权开发的主要形式为网络文学IP的授权，即网络文学IP所有者将版权授权给下游的游戏和影视企业，由其进行改编创作。由于下游企业缺乏经验和信心，最初网络文学改编成功落地的时间较长，少数改编成功的作品以网络游戏为主，但又因最终的改编作品与网络文学作品本身的一致性较差，粉丝对其的关注快速减少，热度也迅速消退。这一阶段网络文学IP的价值尚未得到真正的开发和实现。

2. 成长阶段

2011年，腾讯集团作为我国文创产业领域的开拓者，提出"泛娱乐"概念，即依托移动互联网的发展，打造明星IP的粉丝经济。这一阶段IP发展的主要形式是围绕IP打造粉丝经济，进行多元文化娱乐业态间的迭代开发，借助原有IP本身的知名度触发粉丝消费相关的文创产品。

2013年，故宫博物院举办了一场主题为"把故宫文化带回家"的设计大赛，这是故宫博物院第一次面向公众征集文化产品创意，也是故宫博物院文创IP发展的开始；2014年，一篇名为《雍正：感觉自己萌萌哒》的文章在微信朋友圈广泛传播，这是故宫博物院以《雍正行乐图》为基础制作动态图片并对其进行的"二次创作"。自此，故宫文物开始活跃于大众视野中，之后故宫文创IP也真正开始了其打造历程。自2016年开始，以故宫文创IP为代表，我国大量纪念馆、博物馆等也开始围绕自身馆藏产品开发自己的文创IP，在原有的具备广泛受众的文化主题的基础上，结合现代元素创作新内容，向公众展现文化内涵。

2016年之后，随着我国综合实力的不断增强，消费升级和文化自信的趋势也愈发明显。党的十九届五中全会提出建成文化强国的目标，并将其作为国家战略方针。在这一阶段的IP构建过程中，许多带有中国特色文化背景的IP改编作品应运而生。在国家政策和消费趋势的引导下，文创IP不断焕发出新的活力，内容产业链不断延伸，游戏类文创IP、影视类文创IP、艺术设计IP、体育IP等类别的文创IP都有显著的建设成果。

3. 成熟阶段

2018年，腾讯集团提出了"新文创"的概念，即以IP筹建为中枢的文化生产。以此为标志，我国文创IP的发展进入新的阶段，即在移动互联网时代，将我国传统文化与科技创新相结合，让产业价值与文化价值相互赋能，打造有中国文化价值元素的文创IP。这一时期的文创IP产品主要是一些跨界合作产品，对潜在消费者内心的需求进行聚合，将一些原本无关联的元素相融合，包括游戏皮肤和社交软件表情包等。

从"新文创"的提出到现今的数字时代，文创IP开始注重将科技与文化相结合，将文创IP进行商业化和品牌化，采用数字化技术，围绕某个文化主题给用户带来沉浸式体验，打造数字创意产业（如数字敦煌、数字故宫等）。在之后的文创IP发展过程中，将更加注重IP内容的打造，通过多元创意形式打造具有民族文化内涵的内容,并使其 IP 化。在后续的文创 IP 发展过程中,将更加注重 IP 内容的创作,通过多种创意形式创造具有民族文化内含的内容,并将其 IP 化。

(二) 影视类文创 IP 的发展历程

1986 年,我国文学开始进行影视化转向。文化传播形式开始由文字向图像转化,开创影视改编的先河。这一时期的作品包括《西游记》《红楼梦》等由文学名著改编的经典电视剧,此时还没有 IP 的概念,但由文学作品改编成影视作品的模式已初具雏形。2005 年出现了由游戏改编的电视剧《仙剑奇侠传》,这是我国国产游戏影视化的开端,也标志着影视作品的来源更加丰富。

2015 年至 2018 年是我国影视类文创 IP 大力发展的时期。随着网络文学的发展,多部小说改编的 IP 剧上线,掀起了 IP 热。金融资本与影视行业深度融合,影视类文创 IP 产业链逐渐趋向完整,形成了从上游的网络文学版权交易到中游的影视剧制作播映再到下游的 IP 周边衍生品开发销售的完整产业链。这一时期影视类文创 IP 市场规模不断扩大,诞生了《花千骨》《琅琊榜》等多部由网络文学改编的 IP 影视剧。除网络文学外,影视类文创 IP 的来源还有游戏和动漫等。其中,来源于游戏的影视类文创 IP 包括《古剑奇谭》《魔兽世界》等,来源于动漫的影视类文创 IP 包括《斗罗大陆》《斗破苍穹》等。

2019 年至今,是影视类文创 IP 的成熟期。这一时期影视类文创 IP 井喷式增长,在影视剧市场已占据半壁江山。整个市场的产业链被打通,影视类文创 IP 的价值开始在剧集、游戏、电影、音乐、衍生品等多种形态中流转。影视类文创 IP 改编作品质量有了明显提升,开始趋向精品化,这一时期的经典影视类文创 IP 有《庆余年》《陈情令》《隐秘的角落》等。在这一时期,制片方开始重视影视类文创 IP 衍生品对作品变现的重要贡献,将 IP 衍生品前置,在剧集创作和制作初期就将衍生品环节纳入其中,打破了衍生品后续开发的局限性。其中,2019 年《陈情令》官方淘宝店铺的销售额高达 3 500 万元,在该剧播完后 1 年也能维持上千万元的销售额,这使得较多制作方开始关注影视类文创 IP 的衍生品收益。

现如今,我国影视类文创 IP 不再追求大热 IP+流量明星的固定模式,反而考虑实力派演员，打造有质感的精品影视类文创IP，如《人世间》《白鹿原》。目前，我国影视类文创IP的变现途径主要有版权收入、广告收入、授权收入以及衍生品销售收入等，其中，周边衍生品已成为影视类文创IP变现的重要内容。我国影视类文创IP周边衍生品通常围绕IP进行二次创作，如复刻剧中道具或者贩卖剧中角色的Q版联名手办，这不仅极大地增加了剧方的营业收入，也间接提升了影视作品的曝光度。

(三) 社交类文创IP的发展历程

我国的社交类文创IP主体是在各大网络社交媒体平台使用的原创形象，包括代表各大品牌的虚拟形象和表情包等独立形象。社交类文创IP所依托的原创形象可以在多种社交场景中使用，如被制作成表情包、短视频等。因此，社交类文创IP的发展与互联网的发展密不可分。

2006年是我国社交类文创IP发展的开端之年。这一年诞生了兔斯基系列动态表情包，其在百度贴吧、腾讯QQ等网络社交媒体平台被广泛使用，随后原创形象逐渐商业化，社交类文创IP开始萌芽。走红网络后，兔斯基IP不定期推出绘本、短动画等衍生作品，维持IP的高热度。在这期间，炮炮兵、阿狸等类似热门表情形象也应运而生，发展模式与兔斯基IP相同。这一阶段社交类文创IP的发展重心在于平面和动态的产品制作。

2015年至今是社交类文创IP大力发展的阶段。2015年，微信平台开通表情商店，为创作者提供了宣传自己作品的良好机会，同时也进一步促进了社交类文创IP的发展。随着QQ、微信、微博等网络社交媒体在人们日常生活中使用频率的不断提高，表情包逐渐成为线上交流过程中必不可少的工具。网络表情包可以跨越年龄阶层，打破线上交流的距离感，成为我国网民之间表达感情的有效媒介。其中，原创形象表情在人们日常网络交流场景中得到使用。网络表情包成为社交类文创IP的孵化器，相关产业链开始逐步完善，推动了社交类文创IP的产业化进程。在这期间，社交类文创IP的衍生领域不断拓展，社交类文创进入影视化阶段，开始推出围绕社交类文创IP的核心即原创形象制作的漫画、动漫等衍生产品，如2017年诞生了以兔斯基社交类文创IP为主角的3D动画电影。此外，社交类文创IP开始与各个领域的知名品牌合作推出联名衍生周边，具体包括付费表情包等线上付费商品以及水杯、桌面摆件等日用实体周边。

鉴于社交形象IP能够在一定程度上减少品牌识别的成本，2018年，各大品牌开始利用其进行品牌营销。例如，美图公司推出官方IP形象——比心海豹。虚拟形象承载着拟人化的情感，拉进用户与官方之间的距离，增强用户黏性。知乎官方IP形象刘看山和网易新闻官方IP形象草泥马王三三进行互动，打破企业间的IP藩篱，使得不同领域的用户群体相互融合，合作企业实现共赢。

现阶段，我国社交类文创IP的全新发展风口在于元宇宙概念，各大品牌开始推出自身的虚拟IP人物，社交类文创IP也进入了虚拟人展示阶段。虚拟人可以与用户进行实时互动，在现实情景中为用户提供人文关怀，与用户建立更深的情感链接。

（四）博物馆文创IP发展历程

2010年之前是我国博物馆IP的探索期。这一时期主要是对历史人物进行简单复制，生产制作一些生活用的小型产品，消费者体量相对较小。

2010年至2017年是我国博物馆IP的发展期。国家出台了一系列大力发展博物馆文创IP产业的政策法规，如《关于推动文化文物单位文化创意产品开发的若干意见》。2012年腾讯集团提出泛娱乐战略，故宫博物院与其达成合作，从表情包、小游戏到动漫、微电影和文学创作，均为其合作内容，故宫博物院充分利用互联网飞速发展的机会，将IP承载的文化内涵传播给公众，拉进历史文物与社会公众之间的距离，使历史文物亲民化。2014年，故宫博物院运营方在微信平台发布了一篇名为《雍正：感觉自己萌萌哒》的文章，在公众间引起极大反响，开启了故宫IP的盛世。2016年故宫博物院将录制的纪录片《我在故宫修文物》授权给哔哩哔哩网络视频平台播放，上线后引发了空前的关注度，并获得大量好评。同年，国家博物馆天猫旗舰店、故宫天猫旗舰店、苏州博物馆旗舰店相继上线，博物馆IP正式进入电商营销时代。该阶段博物馆IP的发展重心在于文创IP衍生品的开发，将历史文物元素与文化创意产品的开发、设计、生产相结合，由此产生的收入是博物馆文创产业的主要收入来源。

2018年至今是我国博物馆IP的成熟期。基于此前的发展经验，各大博物馆IP的周边文创衍生品开始由规模化量产向注重质量转变。此外，各博物馆还与不同领域的知名品牌合作，开辟跨媒体运营途径。2018年，故宫博物院推出大型文化节目《上新了故宫》，节目播出的同时，故宫文创产品的销量也达到了顶峰。2020年，敦煌研究院与腾讯游戏旗下的手游《王者荣耀》合作推出游戏皮肤——遇见神鹿，该皮肤上线后大受欢迎，英雄出场率有了明显提升。2021年，舞蹈《唐宫夜宴》在河南卫视春晚表演后火遍网络，河南博物院顺势推出故事原型的唐女俑系列仕女乐队盲盒，产品上线后一度出现供不应求的状态。未来，我国博物馆IP发展的关键在于接地气，IP衍生品应覆盖各个年龄层，更好地满足消费者的需求，引起人们的共鸣。

(五) 游戏类文创IP的发展历程

2000年以前是我国游戏类文创IP的萌芽期。我国游戏产业尚未形成IP概念，但也开发出了部分如《剑侠情缘》《仙剑奇侠传》等带有IP元素的单机游戏，早期的游戏类文创IP概念开始萌芽。但受限于当时所处的特定市场环境，电脑和手机等可使用的游戏设备在我国还未普及，这一阶段的游戏变现成绩较差。

2001年至2013年是我国游戏类文创IP的成长期。随着电子设备的普及，端游和网游快速发展，这一时期诞生了多个经典IP游戏，如《梦幻西游》《问道》等。IP作为一种文化载体，是移动游戏天然的宣传方式，可以给游戏带来更多的用户，为游戏生命周期的延长助力。游戏企业开始注重IP游戏的长线运营，完善游戏类文创IP的核心价值，即玩法体系。2013年，乐动卓越购买了国产动画《我叫MT》的游戏改编权，上线《我叫MT online》手游，该手游为乐动卓越带来了巨大的收益。在此之后，我国多家游戏公司纷纷发起维权行动，游戏类文创IP引起公众大量关注。

2014年至今是我国游戏类文创IP的成熟期。2014年，我国掀起了IP改编手游热潮。IP在游戏价值链中的地位突显出来，业内专业人士意识到IP对于游戏的重要性。随着龙头游戏企业腾讯平台泛娱乐概念的提出，游戏类文创IP开始向泛娱乐领域延伸。一方面，游戏企业开始注重与玩家的情感连接，拉进官方和玩家间的距离，使得玩家与游戏成为命运共同体。较多游戏企业围绕原创IP进行衍生布局，如网易游戏旗下阴阳师的衍生游戏《决战!平安京》《阴阳师：百闻牌》《阴阳师：妖怪屋》等，此外还有衍生电视动画《阴阳师：平安物语》、衍生电台《阴阳师电台》以及衍生电影《侍神令》等多种形态载体的衍生布局。另一方面，游戏企业开始拓展全球市场，与国外优质版权方合作。例如，网易云游戏与知名 IP 哈利·波特合作推出《哈利·波特·魔法觉醒》手游，该游戏上线后长期位于手游畅销榜前列。

现阶段，游戏类文创 IP 的发展重点是开展一系列 IP 营销活动，将 IP 形象延伸至各生活场景以及进行 IP 跨领域联动，将 IP 授权至影视、动漫等另一领域进行内容再开发。授权内容时，IP 版权方出于对 IP 粉丝接受度的考虑，往往会对 IP 改编和内容构建形式进行某些限制，尽量平衡 IP 粉丝、IP 版权方和 IP 授权者的想法。

未来我国游戏类文创 IP 将围绕动漫、影视、衍生品、文旅等多领域多场景拓展，以打造周边衍生品开发、线下场景化互动体验以及文旅消费等全产业链覆盖的生态体系；此外，也将对一些诸如元宇宙、云游戏的新兴概念展开探索，进一步提升 IP 价值。

四、文创 IP 的价值链分析

文创 IP 所依附的企业往往为创意类企业，该类企业的产品价值链包括创意设计、产品制造、营销推广以及价值变现四个环节。其中，创意设计是文创 IP 价值链的开端，也是文创 IP 价值实现过程的基石。

在创意构思阶段，主要进行文创产品的创制与构想。文创 IP 创造者将抽象的创意借助文字、图片或声音等媒介表达出来，传达自己的思想，将其变为公众便于简单理解的具象事物，为后续产品孵化奠定基础。

在产品制造环节，主要进行文创产品的制作与生产。完成文创产品的创意设计后，主创团队开始产业化制造文创产品，对上一环节的产出物进行加工完善，生产出可供公众传播使用的产品，如叙事作品、人物形象、手机软件等。

在营销推广阶段，主要对文创产品进行宣传。通过对文创产品的宣传获得公众的认可，吸引用户的关注。文创 IP 的发展与互联网息息相关，在营销推广环节，主要通过部分线上平台进行宣传，形成文创 IP 的粉丝群体，留存潜在消费者。

在价值变现阶段，主要进行文创 IP 衍生品的销售与生产。此时文创 IP 已初具雏形，有了一定的粉丝基础，企业开始销售文创 IP 衍生品及联名商品以进行价值变现，加快布局各种变现途径。文创企业根据客户反馈挖掘潜在市场进行授权合作，开展跨界产品的开发工作，结合 IP 的形象及所含价值观打造其专属品牌，使得 IP 形象更加深入人心，扩增粉丝群体。

五、文创 IP 价值影响因素

通过获取网络上的公开信息、研读文创 IP 价值的相关文献，结合文创 IP 的特点和文创 IP 价值链分析，本书将文创 IP 的价值影响因素分为自身属性、网络舆情、市场潜力、宏观因素四个方面进行讨论。

（一）自身属性

文创 IP 产生经济效益的前提条件是经过市场大众检验，积累一定的粉丝群体。具体粉丝量及转化为消费者的可能性与文创 IP 自带的一些特有属性，如文创 IP 诞生时间、粉丝所在地域相关联，因此，本书将文创 IP 年龄和粉丝地域分布列入文创 IP 价值的影响因素中。

1. 文创 IP 年龄

文创 IP 年龄即其从 IP 诞生起到现时的时间。文创 IP 年龄越大，意味着其在时间的积淀过程中传播更广，为人所知晓的可能性越大，文创衍生品的种类也更为丰富。因此，其未来预期收益预计会越大。

2. 粉丝地域分布

一般来说，受经济发展水平的影响，相对不发达地区的粉丝，发达地区的粉丝受经济发展水平的影响更大，发达地区的粉丝购买力更强。因为，经济发达地区的粉丝在精神方面的追求更多，对文创 IP 衍生品的购买力更强，对文创 IP 未来收益的贡献更大。综上所述，若粉丝地域分布为北上广深等经济发达地区，其对文创 IP 的经济价值可能会施加强化叠加效应。

（二）网络舆情

文创 IP 的壮大与互联网在文化产业中的应用密不可分。在当下的"新文创"阶段，互联网已成为文创 IP 的主要宣传阵地，具有经济价值的文创 IP 往往能带动粉丝经济，触发原有受众粉丝群体转化为消费者，以购买文创 IP 衍生品。因此，本书将微博平台的粉丝数、微博话题讨论数和各大视频网站的视频播放量列入文创 IP 的价值影响因素中。

1. 平台粉丝数

通常而言，用户在各平台关注文创 IP 账号，代表其对该 IP 感兴趣，用户在看到账号发布的内容的过程中会加深对该 IP 的了解，购买文创 IP 衍生品的倾向性也会更强，进而使得文创 IP 的经济价值增加，文创 IP 实现预期收益的可能性得到提高。

2. 微博话题讨论数

微博作为我国使用率较高的自媒体平台，用户基数大，作为互联网社交平台，其本身也与文创 IP 的发展息息相关。微博话题讨论度直接反映了人们对某一文创 IP 的关注度，某一文创 IP 的话题讨论度越高，代表人们越关注该 IP，购买其衍生品和联名商品的可能性越大，因而该文创 IP 的获利能力也越强。

3. 视频播放量

文创 IP 的发展依托于互联网，而网络视频是文创 IP 有效的传播媒介。对潜在消费者播放文创 IP 的相关视频，能使其更充分了解该 IP 的文化创意和所展现的内涵，提高其购买文创 IP 衍生品和联名商品的可能性；对既往消费者播放文创 IP 的相关视频，有可能使其持续关注该 IP，扩大其后续进行再次消费的可能性，使得文创 IP 的获利能力增强。

(三) 市场潜力

文创 IP 的价值来源主要是衍生品和联名商品的销售。一方面，原创 IP 企业推出其自创的 IP 衍生品，结合 IP 的形象及所含价值观打造其专属品牌，使得 IP 形象更加深入人心，扩增粉丝群体。另一方面，原创 IP 企业与各品牌进行授权合作，将 IP 价值附着于实用化的产品上，通过消费者对品牌价值的认同感来实现 IP 价值。并且，联名商品品牌知名度的提升也能为 IP 积累更多的粉丝，增强产品的竞争力。因此，本书将文创 IP 衍生品及联名商品在各大电商平台的在售商品数量、在售商品均价和店铺数列入其价值影响因素中。

1. 在售商品数量

从销售渠道来看，文创 IP 衍生品以电商和线下门店两种渠道为主。在售商品数量能在一定程度上反映文创 IP 的知名度和市场状况，在售商品数量越多，意味着该文创 IP 衍生品越畅销，即该文创 IP 的获利能力越强。

2. 在售商品均价

在售商品均价将文创 IP 衍生品和联名商品的定位和目标用户有所区分。均价较高的商品受众范围相对较小，目标用户为愿意花费高价购买精神文化领域商品的用户，该类商品的销量与均价较低的商品相比预计会更少。而均价适中的商品受众范围相对较大，大部分群体能接受其价格，愿意购买该类商品以丰富自己的精神文化世界。综上所述，在售商品均价有可能会对文创 IP 衍生品的销量产生一种倒"U"形影响。

3. 电商店铺数

同在售商品数量相类似，受供求关系的影响，文创 IP 衍生品的电商店铺数体现了文创 IP 的知名度和市场状况。电商店铺数更多的文创 IP，代表其受市场欢迎度更高，获利能力也更强。

（四）宏观因素

2020 年以来，我国面临疫情多点散发和外部环境进一步恶化的局面，中共中央政治局常委会会议提出"深化供给侧结构性改革，充分发挥我国超大规模市场优势和内需潜力，构建国内国际双循环相互促进的新发展格局"。在供给侧结构性改革推动下，以及双循环发展格局的指引下，我国消费已经恢复到相对正常的水平。国家统计局 2022 年 1 月 30 日发布的数据显示，2021 年全年国内生产总值（GDP）1 143 670 亿元，按不变价格计算，比上年增长 8.1%，两年平均增长 5.1%。分季度看，一季度同比增长 18.3%，二季度增长 7.9%，三季度增长 4.9%，四季度增长 4.0%。分产业看，第一产业增加值 83 086 亿元，比上年增长 7.1%；第二产业增加值 450 904 亿元，比上年增长 8.2%；第三产业增加值 609 680 亿元，比上年增长 8.2%。国家经济的回暖促使文化产业的营业收入增加。国家统计局的数据显示，2021 年，全国规模以上文化及相关产业企业实现营业收入 119 064 亿元，比上年增长 16.0%；两年平均增长 8.9%，比 2019 年同比增速加快 1.9 个百分点。分季度看，一季度、上半年及前三季度文化企业两年平均分别增长 10.0%、10.6% 和 10.0%，均高于 2019 年同期同比增速。这足以说明，2021 年之后，随着我国经济复苏以及文化产业数字化，线上线下消费活动相互促进，文化消费持续回暖，文创 IP 的消费也逐步提升。由此可知，人均国内生产总值（GDP）和消费者物价指数（CPI）对文创 IP 衍生品的销售有正向的影响。

六、本章小结

本章对文创 IP 价值评估方法的理论基础进行了详细阐述，包括文化产业发展现状及趋势的分析、文创 IP 的定义、文创 IP 发展历程和趋势的分析以及文创 IP 价值影响因素的分析。首先，对于文化产业发展现状及趋势，本书具体分析 2010 年至 2021 年文化行业上市企业的发展情况，例如，上市企业的个数增长趋势、上市企业的区域规模差异、上市企业的净利润情况、营业收入情况以及各类资产的占比情况。其次，文创 IP 的定义在文创 IP 价值评估中较为重要。目前关于文创 IP 的定义一直未有准确的说法。本书对文创 IP 的定义进行梳理，总结出文创 IP 的定义。再次，本书分别从游戏类文创 IP、影视类文创 IP、社交类文创 IP 和艺术类文创 IP 四个角度分析了文创 IP 的发展历程和发展趋势，发现文创 IP 的发展与互联网的发展息息相关。最后，考虑到互联网的影响，本书提出了文创 IP 价值的影响因素，即文创 IP 年龄、粉丝地域分布、平台粉丝数、粉丝话题讨论数、视频播放量、在售商品数量、在售店铺数、在售商品均价和宏观因素。

本章关于文创 IP 的定义、文创 IP 发展趋势和文创 IP 价值影响因素的分析，为构建文创 IP 衍生品收益预测模型、文创 IP 收益预测模型以及文创 IP 价值评估方法提供了理论基础。

第三章　文创IP价值评估模型的构建与优化

本章将对评估对象进行确定、对文创IP价值评估方法适用性进行判断，以及对文创IP价值评估方法进行构建和优化，并分别提出影视类文创IP价值评估方法、社交类文创IP价值评估方法、游戏类文创IP价值评估方法以及艺术类文创IP价值评估方法。

一、评估对象的确定

通过前文的阐述可知，本书的评估对象是文创IP，如迪士尼动漫形象、故宫博物院、职业联赛等各类文创IP及其所涉及的IP元素。文创IP是一种拥有大量粉丝基础的知识产权。文创IP内容的多样化，使得其价值变现渠道也呈现出多样性，主要包括文创IP衍生品收入、文创IP电影票房、文创IP游戏充值额、文创乐园经营收益以及文创授权收益。其中，文创IP衍生品收入主要是通过售卖文创IP衍生品所得到的收入。我们以迪士尼为例，迪士尼旗下的大IP数不胜数，包括唐老鸭、米老鼠、冰雪奇缘、星戴露等。迪士尼中每一个IP的衍生品，如玩偶、杯子、公主裙等都具有极强的变现能力。值得关注的是，2014年《冰雪奇缘》电影上映，安娜和艾莎的公主裙的衍生品就卖出了高达4亿美元的销售额。据2021年迪士尼官网统计，迪士尼零售和衍生品总收入为2 134.3亿美元，约占总收入的69%。由此可见，文创IP衍生品为迪士尼带来了十分可观的收入。文创IP电影收入主要通过电影票房、付费电视、付费网络以及蓝光等变现方式获取。例如，迪士尼公司在2013年出品的动画电影《冰雪奇缘》取得了12.8亿美元的票房收入，蓝光也带来3亿美元的收入，这给迪士尼创造了不菲的收益；文创IP游戏收入则主要是通过用户的游戏充值获取的。以火爆的游戏——《王者荣耀》为例，截至目前，《王者荣耀》的总营业额已经达到了100亿美元，是第一款营业额破百亿美元的手游。这足以表明，文创 IP 游戏的收益能力的强大。文创 IP 主体收入主要是通过乐园的产业经营来获取的。据上海迪士尼乐园官网统计，上海迪士尼乐园一天的门票收入约为 4 000 万元，平均年收入超过 80 亿元，文创 IP 乐园也带来了不错的收入。文创 IP 授权收入主要是通过品牌授权来获取的。以迪士尼为例，迪士尼的产业链很长，大到影视、乐园、出版物，小到服饰、玩具、日用品，各种产业都能看到迪士尼联名的身影。迪士尼在全球合作的授权商达 3 000 多家，它们生产 10 余万种迪士尼卡通形象产品。经过多年的发展，迪士尼每年授权产品销售总额约 300 亿美元，文创 IP 授权收入十分可观。具体情况如图 3-1 所示。

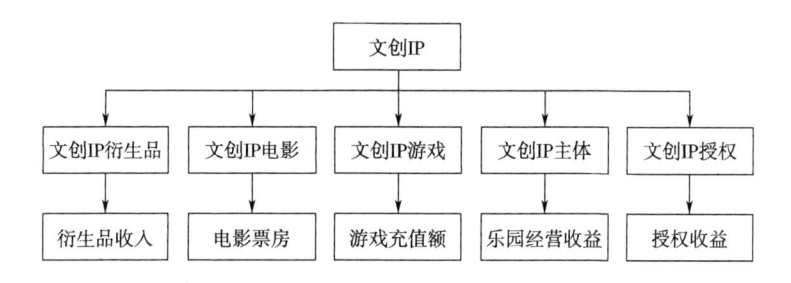

图 3-1　文创 IP 衍生品及收益来源

本书以文创 IP 衍生品收入作为主要收入来源，选择其的原因有三：首先，因获取相关资料的途径有限，如果对各个渠道都进行评估，具有较大的难度。其次，中国的文创 IP 的发展即将步入成熟期。从欧美国家的经验来看，成熟 IP 发展市场中，衍生品收入占 IP 整体收入的一半以上，是 IP 收入中最重要的一块。最后，原创 IP 企业推出的品牌产品能够结合 IP 的形象及所含价值观打造其专属品牌，使得 IP 形象更加深入人心，能够扩增粉丝群体，让文创 IP 价值实现再创造。

二、文创 IP 价值评估方法适用性分析

（一）文创 IP 价值评估方法

文创 IP 价值的评估方法主要有成本法、市场法和收益法。

1. 成本法

成本法是指考虑文创 IP 从开发到建设完成的重置成本，以现有的市场价格为基础扣除相关贬值额后对其进行评估的方法。具体公式如下：

$$\text{文创 IP 价值} = \text{文创 IP 重置成本} - \text{功能性贬值} - \text{经济性贬值} \quad (3.1)$$
$$= \text{文创 IP 重置成本} \times \text{成新率}$$

式（3.1）中，文创 IP 重置成本的核算需区分自创文创 IP 和外购文创 IP。自创文创 IP 主要考虑其从研发阶段到实现应用期间发生的全部费用支出，包括直接成本、间接成本和相关税费等；外购文创 IP 的重置成本主要包括购买价和相关税费，购买价需用价格指数进行调整。

在贬值额方面，功能性贬值指的是因技术不断进步导致文创 IP 功能落后而损失的部分价值；经济性贬值指的是因社会经济环境不断变化引起文创 IP 未来获利能力下降而损失的部分价值。此外，文创 IP 属于无形资产，不具有实物形态，故采用成本法评估其价值时，不考虑实体性贬值。

2. 市场法

市场法是寻找市场上与标的文创 IP 相类似的文创 IP 交易案例，考虑影响其价格的相关因素，将其进行对比并修正，从而得出标的文创 IP 价值的评估方法。具体公式如下：

$$\text{文创 IP 价值} = \text{可比文创 IP 交易价格} \times \text{调整系数} \quad (3.2)$$

其中，调整系数主要涵盖文创 IP 衍生品收益额的各种影响因素，包括时间、地域、功能等，通过对比标的文创 IP 与可比文创 IP 的差异并对其一一量化。时间因素是指文创 IP 评估基准日与参照物交易时间的不同引起的价值变化，地域因素是指文创 IP 与参照物交易地点的不同引起的价值变化，功能因素则是指文创 IP 与参照物所具有的功能不同而在未来实现价值过程中发挥作用的大小不同引起的价值变化。

3. 收益法

收益法则是以文创 IP 未来可获得的收益为基础，判断其经济寿命期，使用恰当的折现率对现金流量进行折现来求取文创 IP 的价值。文创 IP 采用收益法的具体公式如下：

$$V = \sum_{i=1}^{n} \frac{R_i}{(1+r)^i} \quad (3.3)$$

式中，V 表示标的文创 IP 价值；R_i 表示第 i 年的收益额；r 表示折现率；n 表示经济寿命期。

在无形资产评估中，收益法又可分为许可费节省法、超额收益法和增量收益法。许可费节省法的评估思路是拥有文创 IP 后可以每年节省一笔授权费用，将该笔费用在文创 IP 经济寿命期内进行折现，并将其作为文创 IP 评估价值；超额收益法的评估思路是对比有文创 IP 和没有文创 IP 的企业的收益额，将它们之间的差异进行量化以得出文创 IP 的超额收益；增量收益法则是考虑企业拥有文创 IP 后为企业带来的收入增加或是销量增加的效应，将文创 IP 带来的收益同企业有形资产和其他无形资产所形成的收益剥离出来，最终求得文创 IP 价值的评估方法。

(二) 文创 IP 价值评估方法的适用性分析

文创 IP 属于组合型的知识产权类无形资产，其价值主要包括文化创意价值和 IP 价值两部分。根据前文分析的文创 IP 的排他性、高效益性和成本的不完整性等特点，对其价值评估方法的适用性分析如下。

1. 成本法

采用成本法评估文创 IP 价值时，需要考虑文创 IP 从最初研发到最终诞生的重置成本。由于文创 IP 属于无形资产，其从前期的设计开发到中期的应用研究，再到后期的市场开发需要大量的人力资本等创造性投入，这些投入带有随机性和偶然性，成本与结果之间的对应性较弱，整个研发设计过程中的投入难以准确量化；其次，文创 IP 开发后所展现的文化内涵已远远超过其本身实体形式的含义，创造文创 IP 的成本仅具有象征性，不能完全体现文创 IP 的总体价值；最后，文创 IP 因其所展现的文化内涵需要经过长时间的积淀，并不能随意获取，难以将文创 IP "重置"或用一般的物化劳动来衡量其价值。综上所述，成本法不适用于评估文创 IP 价值。

2. 市场法

若采用市场法评估文创 IP 价值，需关注到以下两点：第一，采用市场法评估文创 IP 价值有赖于一个有活跃文创 IP 交易的市场，鉴于我国文创 IP 的发展起步较晚，相关交易市场仍不活跃，难以寻找有效的文创 IP 交易案例，不满足市场法使用的前提条件；第二，文创 IP 是特定主体的创造性劳动的结晶，各文创 IP 特点不尽相同，无论是其所依附的资产还是其自身都有着独特性，难以在市场上找到相似的文创IP进行比较。因此，市场法尚不适用于评估文创IP价值。

3. 收益法

收益法的评估思路是预测文创IP的未来收益并将其进行折现来评估文创IP价值。采用收益法进行评估，重点应关注文创IP的预期收益、收益期限和折现率。首先，对于预期收益，因为文创IP的获利途径为销售文创IP衍生品和联名商品，所以可以通过合理预测文创IP衍生品和联名商品未来销售额来获取文创IP的预期收益；其次，由前面对文创IP的发展历程的阐述可知，文创IP的发展依托于互联网，可通过互联网的生命周期和同类文创IP的活跃程度来判断文创IP的对应收益期限；最后，文创IP的运营和管理必须依托于制作公司，因此可以将所属公司的整体回报率进行拆分来求取文创IP的折现率。综上所述，采用收益法评估文创IP价值是更为合适的。

三、文创IP价值评估模型的构建与优化

（一）文创IP价值评估模型构建的思路

考虑到我国文创IP还没有较成熟的市场，采用原始的收益法确定部分参数时会受限。承接前面对评估方法适用性的分析，本书对案例文创IP价值采用改进后的收益法进行评估。具体的评估思路如下：首先，对于未来收益预测，由于文创IP衍生品的销售收入受到多种因素的影响，波动较大，为增强收益预测的准确性，本书采用实证分析法构建文创IP衍生品未来销售收入预测模型以确定衍生品未来收益，再通过层次分析法确定文创IP的未来收益。其次，由于目前我国大部分文创IP所属企业均为非上市企业，相关财务数据难以获取。本书假设案例文创IP企业的资本结构维持在行业平均水平，采用可比公司法测算得到文创IP所属企业的加权平均资本成本以确定折现率。再次，对于收益期的确定采用类比分析法进行。类比与案例文创IP在艺术创作和发展路径上相似的文创IP的生命周期，得到案例文创IP的剩余经济寿命。最后，将各参数代入到收益法的两阶段模型中测得文创IP的价值。

（二）未来收益额预测

1. 数据来源

本书选取 2020 年 9 月—2022 年 6 月原仓数据 IP 为研究样本，并经过以下样本处理过程：第一，剔除数据缺失的文创 IP；第二，将文创 IP 数据进行分类，分为社交类文创 IP、游戏类文创 IP、影视类文创 IP 和艺术类文创 IP。本书中文创 IP 相关的数据均来自原仓 IP 数据库。

2. 研究模型与变量定义

本书以文创 IP 衍生品和联名商品的月销售收入为被解释变量，以文创 IP 微博粉丝数、粉丝地域分布、粉丝男女比例、粉丝属性、文创 IP 年龄、文创 IP 的产地、文创 IP 的微博话题讨论度、微博曝光度、在售商品数量、在售商品均价、电商店铺数、视频播放量为解释变量，具体如表 3-1 所示。本书将进行分组回归，分别找出社交类文创 IP、游戏类文创 IP、影视类文创 IP 和艺术类文创 IP 的特征影响因素。根据特征影响因素分别构建社交类文创 IP、影视类文创 IP、艺术类文创 IP 和游戏类文创 IP 的收益预测模型，具体如式（3.4）、式（3.5）、式（3.6）、式（3.7）所示。

$$IPSales = \alpha_1 + \alpha_2 \ln Fannum + \alpha_3 Fanlocal + \alpha_4 Fangender + \alpha_5 Fanquality + \alpha_6 age + \alpha_7 Goodsnum + \alpha_8 Goodsprice + \alpha_9 Shopnum + \alpha_{10} \ln Playbackvolume + \varepsilon \quad (3.4)$$

$$IPSales = \alpha_1 + \alpha_2 \ln Fannum + \alpha_3 Fanlocal + \alpha_4 Fangender + \alpha_5 Fanquality + \alpha_6 age + \alpha_7 local + \alpha_8 Topicdiscussion + \alpha_9 Topicexposure + \alpha_{10} Goodsnum + \alpha_{11} Goodsprice + \alpha_{12} Shopnum + \alpha_{13} \ln Playbackvolume + \varepsilon \quad (3.5)$$

$$IPSales = \alpha_1 + \alpha_2 Fannum + \alpha_3 Fanlocal + \alpha_4 Fangender + \alpha_5 Fanquality + \alpha_6 age + \alpha_7 Goodsnum + \alpha_8 Goodsprice + \alpha_9 Shopnum + \alpha_{10} Playbackvolume + \varepsilon \quad (3.6)$$

$$IPSales = \alpha_1 + \alpha_2 Fannum + \alpha_3 Fanlocal + \alpha_4 Fangender + \alpha_5 Fanquality + \alpha_6 age + \alpha_7 local + \alpha_8 \ln Topicexposure + \alpha_9 Goodsnum + \alpha_{10} Goodsprice + \alpha_{11} Shopnum + \alpha_{12} \ln Playbackvolume + \varepsilon \quad (3.7)$$

表 3-1 变量定义

变量	变量名	变量解释
被解释变量	IPSales	文创 IP 衍生品和联名商品的月销售收入
解释变量	ln$Fannum$	文创 IP 的微博粉丝数取对数
	$Fannum$	文创 IP 的微博粉丝数
	$Fanlocal$	文创 IP 粉丝地域分布，当所属地为北上广时，为 1；当所属地为其他城市时，为 0
	$Fangender$	文创 IP 粉丝男女比例，当女性占比多于男性时，为 1；否则为 0
	$Fanquality$	文创 IP 粉丝属性，当粉丝年龄为 0~19 岁时，为 0；当粉丝年龄为 20~49 岁时，为 1
	age	文创 IP 年龄
	$local$	文创 IP 的产地，当产地为国内时，为 1；当产地为外国时，为 0
	$Topicdiscussion$	文创 IP 的微博话题讨论度
	ln$Topicdiscussion$	文创 IP 的微博话题讨论度取对数
	ln$Topicexposure$	文创 IP 的微博曝光度取对数
	$Topicexposure$	文创 IP 的微博曝光度
	$Goodsnum$	在售商品数量
	$Goodsprice$	在售商品均价
	$Shopnum$	电商店铺数
	ln$Playbackvolume$	视频播放量（腾讯视频、优酷、爱奇艺、芒果 TV 和 bilibili 播放量加总）取对数
	$Playbackvolume$	视频播放量（腾讯视频、优酷、爱奇艺、芒果 TV 和 bilibili 播放量加总）

数据来源：原仓 IP 数据。

从表 3-2 的描述性统计可以看出，被解释变量，即社交类文创 IP 衍生品和联名商品的月销售收入（$IPSales$）的均值为 111.1，中位数为 8.640，标准差为 219.1，最大值与最小值差别较大，说明同一类别不同 IP 的衍生品和联名商品月销售收入存在较大差异，其原因是不同 IP 的价值影响因素差异较大。例如，解释变量中的在售商品数量（*Goodsnum*）和电商店铺数（*Shopnum*）以及视频播放量对数（ln*Playbackvolume*）的均值均大于中位数，且差异较大，说明该类别 IP 的视频播放集中于少数几个社交类文创 IP，较少一部分社交类文创 IP 拥有较大比例的在售商品和电商店铺数，这可能是社交类文创 IP 间衍生品和联名商品的月销售收入差异较大的主要原因。粉丝属性（*Fanquality*）和地域分布（*Fanlocal*）为"0""1"虚拟变量，其中粉丝属性（*Fanquality*）的均值小于 0.5，说明多数社交类文创 IP 的粉丝年龄分布在 20~49 岁；地域分布（*Fanlocal*）的均值大于 0.5，说明多数社交类文创 IP 的粉丝分布在北上广地区之外的其他地区。其他的控制变量中，微博粉丝数的对数（ln*Fannum*）的均值为 3.97，IP 诞生时间（*age*）的均值为 10.4，粉丝男女比例（*Fangender*）的均值为 0.49，在售商品均价（*Goodsprice*）的均值为 61.07。在售商品均价（*Goodsprice*）的中位数与均值差异较小。

表 3-2 描述性统计（社交类文创 IP）

变量	样本量	均值	标准差	最小值	中位数	最大值
IPSales	68	111.100	219.100	0.000	8.640	1 392.000
ln*Fannum*	68	3.970	2.310	0.840	3.160	10.650
age	68	10.400	5.570	2.000	11.000	17.000
Fanquality	68	0.320	0.470	0.000	0.000	1.000
Fangender	68	0.490	0.530	0.000	0.000	2.000
Fanlocal	68	0.900	0.310	0.000	1.000	1.000
Goodsnum	68	300.800	559.800	0.000	53.500	2 317.000
Goodsprice	68	61.070	44.220	0.000	55.720	196.900
Shopnum	68	174.500	235.100	0.000	47.500	916.000
ln*Playbackvolume*	68	19 367.000	29 606.000	0.000	4 482.000	119 127.000

数据来源：原仓 IP 数据。

从表 3-3 的描述性统计可以看出，被解释变量，即影视类文创 IP 衍生品和联名商品的月销售收入（*IPSales*）的均值为 1 677.61，中位数为 602.86，最大值与最小值差别较大，标准差达到 2 983.46，与社交类文创 IP 衍生品和联名商品的月销售收入标准差（219.1）形成鲜明对比，说明影视类文创 IP

的大部分数值和其均值之间的差异较大,同一类别不同影视类文创IP的衍生品和联名商品月销售收入之间的差异更加突出。解释变量中的微博话题讨论度(*Topicdiscussion*)、微博曝光度(*Topicexposure*)和在售商品数量(*Goodsnum*)的均值均大于中位数,且差异较大,说明微博话题讨论和微博曝光集中于少数几个影视类文创IP,较少一部分影视类文创IP拥有较大比例的在售商品数,这可能成为影视类文创IP间衍生品和联名商品的月销售收入标准差较大的主要原因。出生地(*local*)、粉丝属性(*Fanquality*)、男女比例(*Fangender*)和地域分布(*Fanlocal*)为"0""1"虚拟变量,其中地域分布(*Fanlocal*)和粉丝属性(*Fanquality*)的均值均大于0.5,说明影视类文创IP的粉丝集中分布在北上广地区,且较多分布在20~49年龄段内;出生地(*local*)和男女比例(*Fangender*)的均值均小于0.5,说明多数影视类文创IP的产地位于国外,男性粉丝数大于女性粉丝数。其他控制变量中,诞生时间(*age*)的均值为26.91,微博粉丝数的对数(ln*Fannum*)的均值为2.84,视频播放量的对数(ln*Playbackvolume*)的均值为11.17,在售商品均价(*Goodsprice*)的均值为118.36,电商店铺数(*Shopnum*)的均值为1 330.49。在售商品均价(*Goodsprice*)的中位数与均值差异较小,但总体要大于社交类文创IP对应变量的中位数与均值差异。

表3-3 描述性统计(影视类文创IP)

变量	样本量	均值	标准差	最小值	中位数	最大值
IPSales	597	1 677.610	2 983.460	0.000	602.860	32 800.000
local	597	0.440	0.500	0.000	0.000	1.000
age	597	26.910	27.760	2.000	13.000	110.000
ln*Fannum*	597	2.840	2.080	-3.360	3.090	7.710
ln*Playbackvolume*	5 970	11.170	27.570	0.000	0.000	318.160
Fanquality	597	0.590	0.490	0.000	1.000	1.000
Fangender	597	0.350	0.480	0.000	0.000	1.000
Fanlocal	597	0.890	0.310	0.000	1.000	1.000
Topicdiscusion	597	241.970	557.270	0.000	27.000	3 513.000
Topicexposure	597	875.380	4 516.730	0.000	35.120	62 749.030

续表

变 量	样本量	均值	标准差	最小值	中位数	最大值
Goodsnum	597	2 724.850	5 012.360	0.000	359.000	39 685.000
Goodsprice	597	118.360	143.570	0.000	78.280	830.140
Shopnum	597	1 330.490	1 568.550	0.000	742.000	9 120.000

数据来源：原仓 IP 数据。

从表 3-4 的描述性统计可以看出，被解释变量，即艺术类文创 IP 衍生品和联名商品的月销售收入（*IPSales*）的均值为 291.92，中位数为 0.95，最大值与最小值差别较大，中位数仅为 0.95，说明 0 值和极值较多，这与艺术类文创 IP 变现率较低的特点相关。解释变量中的微博粉丝数（*Fannum*）、在售商品数量（*Goodsnum*）、电商店铺数（*Shopnum*）和视频播放量（*Playbackvolume*）的均值均大于中位数，且差异较大，其中视频播放量（*Playbackvolume*）差异巨大，标准差达到 24 209.71，说明少数几个艺术类文创 IP 的视频播放量占据了该类别 IP 视频播放量的绝对比例，视频播放量可能与艺术类文创 IP 衍生品和联名商品的月销售收入存在较大相关性。粉丝属性（*Fanquality*）、男女比例（*Fangender*）和地域分布（*Fanlocal*）为"0""1"虚拟变量，其均值均大于 0.5，说明艺术类文创 IP 的粉丝较多分布在 20~49 年龄段内，粉丝地域分布集中在北上广地区，且女性粉丝数大于男性粉丝数。其他控制变量中，诞生时间（*age*）的均值为 179.89，在售商品均价（*Goodsprice*）的均值为 89.25。在售商品均价（*Goodsprice*）的中位数与均值差异较小。

表 3-4 描述性统计（艺术类文创 IP）

变 量	样本量	均值	标准差	最小值	中位数	最大值
IPSales	275	291.920	1 115.130	0.000	0.950	12 000.000
age	275	179.890	308.230	9.000	70.000	1 656.000
Fanquality	275	0.650	0.480	0.000	1.000	1.000
Fangender	275	0.590	0.490	0.000	1.000	1.000
Fanlocal	275	0.640	0.480	0.000	1.000	1.000
Fannum	275	78.140	193.280	0.000	11.810	1 029.900

续表

变量	样本量	均值	标准差	最小值	中位数	最大值
Goodsnum	275	309.860	1 133.540	0.000	10.000	11 292.000
Goodsprice	275	89.250	93.460	0.000	64.500	577.790
Shopnum	275	163.280	475.300	0.000	9.000	3 909.000
Playbackvolume	275	5 201.390	24 209.710	0.000	7.510	252 900.000

数据来源：原仓 IP 数据。

从表 3-5 的描述性统计可以看出被解释变量，即游戏类文创 IP 衍生品和联名商品的月销售收入（IPSales）的均值为 691.95，中位数为 245.66，最大值与最小值差别较大，标准差为 1 182.25，大于社交类文创 IP 衍生品和联名商品的月销售收入标准差（219.1），说明大部分数值和其均值之间的差异较大，同一类别不同 IP 的衍生品和联名商品月销售收入之间的差异比较突出。解释变量中的微博粉丝数（Fannum）和在售商品数量（Goodsnum）的均值均大于中位数，且差异较大，说明较少一部分游戏类文创 IP 拥有较大比例的粉丝数和在售商品数，这可能成为游戏类文创 IP 间衍生品和联名商品的月销售收入标准差较大的主要原因。出生地（local）、粉丝属性（Fanquality）、男女比例（Fangender）和地域分布（Fanlocal）为"0""1"虚拟变量，其中男女比例（Fangender）和地域分布（Fanlocal）的均值均大于 0.5，说明游戏类文创 IP 的女性粉丝数大于男性粉丝数，粉丝集中分布在北上广地区；出生地（local）和粉丝属性（Fanquality）的均值均小于 0.5，说明多数游戏类文创 IP 的产地在国外，粉丝年龄多数在 0~19 岁。其他控制变量中，诞生时间（age）的均值为 18.87，微博曝光度的对数（lnTopicexposure）的均值为 3.68，在售商品均价（Goodsprice）的均值为 144.81，电商店铺数（Shopnum）的均值为 819.85，视频播放量的对数（lnPlaybackvolume）的均值为 9.86。在售商品均价（Goodsprice）的中位数与均值差异较小，同时总体要小于社交类文创 IP、影视类文创 IP 和艺术类文创 IP 对应变量的中位数与均值差异。

表 3-5 描述性统计（游戏类文创 IP）

变量	样本量	均值	标准差	最小值	中位数	最大值
IPSales	414	691.950	1 182.250	0.000	245.660	9 415.000

续表

变　量	样本量	均值	标准差	最小值	中位数	最大值
local	414	0.390	0.490	0.000	0.000	1.000
age	414	18.870	18.130	2.000	13.000	83.000
Fanquality	414	0.450	0.500	0.000	0.000	1.000
Fangender	414	0.780	0.420	0.000	1.000	2.000
Fanlocal	414	0.910	0.290	0.000	1.000	1.000
Fannum	414	185.000	543.540	0.000	27.700	8 689.000
ln*Topicexposure*	414	3.680	2.990	-5.660	3.540	13.880
Goodsnum	414	1 711.550	3 587.510	0.000	275.000	31 136.000
Goodsprice	414	144.810	191.410	0.000	81.970	1 830.400
Shopnum	414	819.850	976.190	0.000	449.500	5 805.000
ln*Playbackvolume*	414	9.860	2.450	3.080	9.620	16.560

数据来源：原仓 IP 数据。

3. 回归结果分析

从表 3-6 中可以看出，社交类文创 IP 衍生品和联名商品的月销售收入（*IPSales*）与微博粉丝数的对数（ln*Fannum*）、粉丝男女比例（*Fangender*）、在售商品均价（*Goodsprice*）和电商店铺数（*Shopnum*）这四个变量都存在显著的线性关系，其中月销售收入与微博粉丝数的对数（ln*Fannum*）和电商店铺数（*Shopnum*）这两个变量呈正相关关系，与粉丝男女比例（*Fangender*）和在售商品均价（*Goodsprice*）这两个变量呈负相关关系。

表 3-6　回归结果（社交类文创 **IP**）

变量	*IPSales*
ln*Fannum*	47.619***
	(3.98)
age	-2.643
	(-0.50)
Fanquality	8.454
	(0.17)
Fangender	-152.433***
	(-3.40)

续表

变量	IPSales
$Fanlocal$	74.273
	(0.82)
$Goodsnum$	−0.073
	(−0.82)
$Goodsprice$	−1.021*
	(−1.87)
$Shopnum$	0.552*
	(2.01)
$\ln Playbackvolume$	0.001
	(1.32)
$Constant$	−35.742
	(−0.36)
$Observations$	68
R^2	0.704
$Month\ FE$	YES
$r2\_a$	0.611
F	7.573

注：***、**和*分别表示在1%、5%和10%的水平上显著；括号内数字为经过稳健异方差处理后的t值。

在多元回归分析得出结论的基础上，结合当下社交类文创IP产业的实际情况，本书对每一个自变量参数回归结果做出分析，详细分析如下：

回归结果显示，社交类文创IP销售收入主要受微博粉丝数的对数（$\ln Fannum$）、粉丝男女比例（$Fangender$）、在售商品均价（$Goodsprice$）和电商店铺数（$Shopnum$）这四个因素影响，其中微博粉丝数量和电商店铺数量越高的社交类文创IP销售额更高，这主要是因为较大的电商店铺数量一定程度上体现了IP较高的获利能力，较大的微博粉丝数量蕴含着较大的收益潜力，并且男性粉丝比例较大和在售商品均价较低的社交类文创IP销售收入更高。

从表3-7中可以看出，影视类文创IP衍生品和联名商品的月销售收入（$IPSales$）与出生地（$local$）、IP年龄（age）、视频播放量的对数

（ln$Playbackvolume$）、粉丝属性（$Fanquality$）、粉丝地域分布（$Fanlocal$）、在售商品均价（$Goodsprice$）和电商店铺数（$Shopnum$）这七个变量都存在显著的线性关系，其中月销售收入与 IP 年龄（age）、视频播放量的对数（ln$Playbackvolume$）、粉丝属性（$Fanquality$）、在售商品均价（$Goodsprice$）和电商店铺数（$Shopnum$）这五个变量呈正相关关系，与出生地（$local$）和粉丝地域分布（$Fanlocal$）这两个变量呈负相关关系。

在多元回归分析得出结论的基础上，结合当下游戏类文创 IP 产业的实际情况，本书对每一个自变量参数回归结果做出分析，详细分析如下：

回归结果显示，影视类文创 IP 销售额主要受出生地（$local$）、IP 年龄（age）、视频播放量的对数（ln$Playbackvolume$）、粉丝属性（$Fanquality$）、粉丝地域分布（$Fanlocal$）、在售商品均价（$Goodsprice$）和电商店铺数（$Shopnum$）这七个因素影响。其中，IP 年龄越大，女性粉丝比例较高且粉丝年龄主要分布在 20~49 岁，视频播放量、在售商品均价和电商店铺数量均较高的影视类文创 IP 销售额更高。原因是较大的电商店铺数量一定程度上体现了 IP 较高的获利能力，IP 年龄和视频播放量反映了 IP 一定的知名度和曝光度，年龄在 20~49 岁的女性粉丝是影视类文创 IP 的主要客户群体。原产地是国外的影视类文创 IP 和粉丝分布于非北上广区域的影视类文创 IP 的销售收入较高，原因是国外影视行业发展水平更高，吸引了更多客户。此外，影视类文创 IP 产品销售的地域性也不明显。

表 3-7　回归结果（影视类文创 IP）

变量	$IPSales$
$local$	−87.873***
	（−2.65）
age	4.454***
	（7.74）
ln$Fannum$	3.581
	（0.53）
ln$Playbackvolume$	101.727***
	（175.49）

续表

变量	IPSales
Fanquality	117.874***
	(4.31)
Fangender	-41.687
	(-1.46)
Fanlocal	-196.015***
	(-4.38)
Topicdiscussion	0.053
	(0.86)
Topicexposure	0.001
	(0.19)
Goodsnum	0.005
	(1.14)
Goodsprice	0.279***
	(2.98)
Shopnum	0.097***
	(7.40)
Constant	470.480***
	(7.13)
Observations	597
R^2	0.990
Month FE	YES
r2_a	0.989
F	2878

注：＊＊＊、＊＊和＊分别表示在1%、5%和10%的水平上显著；括号内数字为经过稳健异方差处理后的 t 值。

从表3-8中可以看出，艺术类文创IP衍生品和联名商品的月销售收入与IP年龄（age）、粉丝地域分布（Fanlocal）、在售商品数量（Goodsnum）、微博粉丝数（*Fannum*）、电商店铺数（*Shopnum*）以及视频播放量（*Playbackvolume*）这六个变量都存在显著的线性关系，其中月销售收入与IP年龄（*age*）、粉丝地域分布（*Fanlocal*）和在售商品数量（*Goodsnum*）这三个变量呈负相关关系，与微博粉丝数（*Fannum*）、电商店铺数（*Shopnum*）以及视频播放量（*Playbackvolume*）这三个变量呈正相关关系。

在多元回归分析得出结论的基础上，结合当下艺术类文创IP产业的实际情况，本书对每一个自变量参数回归结果做出分析，详细分析如下：

回归结果显示，艺术类文创IP销售收入主要受IP年龄（*age*）、粉丝地域分布（*Fanlocal*）、在售商品数量（*Goodsnum*）、微博粉丝数（*Fannum*）、电商店铺数（*Shopnum*）以及视频播放量（*Playbackvolume*）这六个因素影响，其中微博粉丝数、电商店铺数以及视频播放量越高的艺术类文创IP，其销售额较高，这主要是因为较大的粉丝群、较高的电商店铺数和播放量给艺术类文创IP衍生品和联名商品销售吸引了大量的客流量。其中，IP年龄越小，粉丝地域分布于非北上广区域的艺术类文创IP的销售收入较高，并且在售商品数量越小，艺术类文创IP的月销售收入越大。对此解释：艺术类文创IP的受众范围较小，粉丝更加重视品质和调性，而不在于数量，因此，艺术类文创IP的粉丝地域分布也不明显。

表 3-8　回归结果（艺术类文创 IP）

变量	IPSales
age	-0.228^{**}
	(-2.26)
Fanquality	-43.594
	(-0.67)
Fangender	72.312
	(1.15)
Fanlocal	-110.922^{*}
	(-1.77)
Fannum	1.180^{***}
	(4.82)

续表

变量	IPSales
$Goodsnum$	-0.352***
	(-7.57)
$Goodsprice$	0.404
	(1.24)
$Shopnum$	2.041***
	(14.47)
$Playbackvolume$	0.011***
	(7.97)
$Constant$	118.422
	(1.24)
$Observations$	275
R^2	0.849
Month FE	YES
$r2\_a$	0.839
F	90.41

注：***、**和*分别表示在1%、5%和10%的水平上显著；括号内数字为经过稳健异方差处理后的 t 值。

从表3-9中可以看出，游戏类文创IP衍生品和联名商品的月销售收入（$IPSales$）与粉丝男女比例（$Fangender$）、粉丝地域分布（$Fanlocal$）、微博粉丝数（$Fannum$）、微博曝光度的对数（ln$Topicexposure$）、在售商品数量（$Goodsnum$）以及视频播放量的对数（ln$Playbackvolume$）这六个变量都存在显著的线性关系，其中月销售收入与微博粉丝数（$Fannum$）、微博曝光度的对数（ln$Topicexposure$）、在售商品数量（$Goodsnum$）以及视频播放量的对数（ln$Playbackvolume$）这四个变量呈正相关关系，与粉丝男女比例（$Fangender$）和粉丝地域分布（$Fanlocal$）这两个变量呈负相关关系。

在多元回归分析得出结论的基础上，结合当下游戏类文创IP产业的实际情况，本书对每一个自变量参数回归结果做出分析，详细分析如下：

回归结果显示，游戏类文创 IP 销售额主要受粉丝男女比例（$Fangender$）、粉丝地域分布（$Fanlocal$）、微博粉丝数（$Fannum$）、微博曝光度的对数（$\ln Topicexposure$）、在售商品数量（$Goodsnum$）以及视频播放量的对数（$\ln Playbackvolume$）这六个因素影响，其中微博粉丝数、微博曝光度、在售商品数量和视频播放量越大的游戏类文创 IP，月销售额越大，这主要是因为较高的讨论热度、较大的曝光度、较大的播放量和较多的商品数量给游戏类文创 IP 衍生品和联名商品销售带来了大量的流量；粉丝分布于非北上广区域的游戏类文创 IP 的销售额较高，这可能原因是，游戏的普及率较高，在二、三线城市受众率也很高，消费总额也较高。粉丝男女比例与社交类文创 IP、影视类文创 IP 和艺术类文创 IP 的月销售额均不显著。

表 3-9 回归结果（游戏类文创 IP）

变量	IPSales
$local$	41.065
	(0.45)
age	0.461
	(0.18)
$Fanquality$	-101.465
	(-0.97)
$Fangender$	-337.195***
	(-2.79)
$Fanlocal$	-613.296***
	(-4.12)
$Fannum$	0.202**
	(2.52)
$\ln Topicexposure$	188.903***
	(9.04)
$Goodsnum$	0.126***
	(7.46)

续表

变量	IPSales
$Goodsprice$	0.194
	(0.85)
$Shopnum$	0.083
	(1.19)
$\ln Playbackvolume$	65.282***
	(3.54)
$Constant$	-59.796
	(-0.21)
$Observations$	414
R^2	0.527
$Month\ FE$	YES
$r2\_a$	0.505
F	24.44

注：＊＊＊、＊＊和＊分别表示在1%、5%和10%的水平上显著；括号内数字为经过稳健异方差处理后的 t 值。

根据以上回归结果，本书分别得到社交类文创IP衍生品、影视类文创IP衍生品、艺术类文创IP衍生品和游戏类文创IP衍生品的收益模型，具体的模型方程如下：

$$IPSales = -35.742 + 47.619\ln Fannum - 2.643age + 8.454Fanquality - \\ 152.433Fangender + 74.273Fanlocal - 0.073Goodsnum - \\ 1.021Goodsprice + 0.552Shopnum + 0.001\ln Playbackvolume + \varepsilon \quad (3.8)$$

$$IPSales = 470.48 + 3.581\ln Fannum - 196.015Fanlocal - 41.687Fangender + \\ 117.874Fanquality + 4.454age - 87.873local + 0.053Topicdiscussion + \\ 0.001Topicexposure + 0.005Goodsnum + 0.279Goodsprice + \\ 0.097Shopnum + 101.727\ln Playbackvolume + \varepsilon \quad (3.9)$$

$$IPSales = 118.422 + 1.18Fannum - 110.922Fanlocal + 72.312Fangender - \\ 43.594Fanquality - 0.228age - 0.352Goodsnum + 0.404Goodsprice + \\ 2.041Shopnum + 0.011Playbackvolume + \varepsilon \quad (3.10)$$

$$IPSales = -59.796 + 0.202 Fannum - 613.296 Fanlocal - 337.195 Fangender -$$
$$101.465 Fanquality + 0.461 age + 41.065 local + 188.903 \ln Topic exposure +$$
$$0.126 Goodsnum + 0.194 Goodsprice + 0.083 Shopnum +$$
$$65.282 \ln Playbackvolume + \varepsilon \tag{3.11}$$

通过前面的实证分析，本书获得了社交类文创IP衍生品、影视类文创IP衍生品、艺术类文创IP衍生品和游戏类文创IP衍生品的收益模型。通过这四类收益模型，我们可以获得社交类文创IP衍生品、影视类文创IP衍生品、艺术类文创IP衍生品和游戏类文创IP衍生品的未来收益。但是若想求得社交类文创IP、影视类文创IP、艺术类文创IP和游戏类文创IP的未来收益，需要从衍生品的未来收益中剥离出IP本身的未来收益。

4. 层次分析法的构建

本书将使用层次分析法从衍生品的未来收益中剥离出IP本身的未来收益。

（1）层次分析法理论概述。20世纪70年代，层次分析法（analytic hierarchy process，AHP）由美国著名运筹学学家萨蒂（TLSatty）提出。它根据问题的性质和要达到的总目标，将问题分解成目标、准则、方案等层次，在此基础上进行定性分析和定量分析，构建一个从最高到最低依次为目标层、准则层、方案层的多层次结构模型，再将单一元素综合起来，将决策者的主观意识量化，从而最终将问题归结为最低层相对于最高层的相对重要权值的确定或具有相对优劣次序的排序。层次分析法把决策的思维过程层次化，为求解不能建立数学模型或数据无法量化的复杂决策问题提供了一种简便的方法，目前在多个研究领域得到了广泛应用。

（2）采用层次分析法进行分析的步骤。通过前面对文创IP价值链的分析可知，文创IP的未来收益主要通过文创IP衍生品的售卖实现。因此，可将采用层次分析法进行分析的过程分为以下几个步骤：第一，明确评估的对象，本书采用层次分析法的主要目的是将文创IP本身的未来收益从衍生品的未来收益中剥离；第二，建立评价体系，先将文创IP衍生品未来销售收入来源归为制作创意、网络舆情、市场潜力、目标受众四个一级指标，然后在各一级指标下根据影响因素设立相对应的二级指标；第三，采用专家打分法确定各指标的相对重要程度并以此来构建判断矩阵以及层次单排列表，从而将文创IP的本身价值从其衍生品的收益剥离出来；第四，根据各一级指标权重加权得到文创 IP 价值总和。

(3) 采用层次分析法的原因。本书采用层次分析法将 IP 本身的未来收益从衍生品的未来收益中剥离，主要基于层次分析法的以下优点：一是层次分析法具有系统性和综合性，能在保证研究对象的系统性的基础上，对研究目标进行多层次的整体分析。同时，层次分析法可以对研究对象同一层次的各类影响因素的影响效果进行量化打分，从而更清晰明确地展示影响因素之间的关系。二是层次分析法是一个定性和定量相结合的科学决策方法。一方面，将专业评估人员对评估对象价值影响因素的主观认识程度量化为数字，使其更加直观准确地反映各类因素对研究对象的影响效果；另一方面，利用较少的定量信息，把判断各要素相对重要性的步骤留给了大脑，只对简单的权重进行计算，将决策的重点转移到逻辑的推理而非数学的计算。三是层次分析法操作简单，实用性强，方法的基本步骤较容易掌握和运用。

(4) 具体评估模型。将收益法与层次分析法等评估理论相结合，根据以上对文创 IP 的讨论可得出本书的评估模型如下：

$$P = P_0 \times \omega = \sum_{t=1}^{n} \frac{R_t}{(1+r)^t} \times \omega \tag{3.12}$$

式中，P 为文创 IP 的价值；P_0 为文创 IP 衍生品未来收益的现值；R_t 为文创 IP 衍生品未来预期收益；ω 为文创 IP 本身收益占文创 IP 衍生品收益的权重。

但是，在使用该模型时需要注意以下几点：第一，文创 IP 的预期收益的界定和测算较为困难，在测算企业中的文创 IP 的价值时，应当依据其自身的实际特点对收益法中未来收益额、折现率以及收益年限进行确定；第二，使用层次分析法从衍生品的未来收益中剥离出 IP 本身的未来收益时，主要是依据专家打分法来进行 IP 本身未来收益比重的确定，为了提高权重比例的客观性，要将文创产业资深人员意见与无形资产评估专家意见相结合，确定合理公正的权重结果；第三，本书所使用的评估模型，主要针对的是单一开发变现途径的文创 IP 未来收益额，对于多种变现途径的收益额逐项剥离的情况，出于行业信息披露不健全等原因，难以用此模型进行分析。

(三) 收益期限的确定

文创 IP 的收益期限是指文创 IP 能够持续发挥作用，并发生经济利益的时间。一方面，无形资产收益期限可分为三类：法定寿命、合同有效期限和经济寿命。首先，在法定寿命方面，大部分文创 IP 是依托于商标间接获利的，而商标拥有注册时规定的法定寿命，因此，文创 IP 也具有法定寿命，且与商标注册时规定的法定寿命相同。其次，在合同有效期限方面，因为文创 IP 不涉及商业合同，所以不存在合同有效期限。最后，在经济寿命方面，文创 IP 的经济寿命与文创 IP 产生经济收入的能力相关。影响文创 IP 产生经济收入的因素有外部因素和内部因素。外部因素主要考虑文化创意产业的发展趋势和状态、生命周期以及国家对文化创意行业的支持力度。而内部因素包括被评估文创 IP 自身的发展潜力、被评估文创 IP 的网络热度、粉丝群体的数量、所处区域、年龄分布以及购买力等。

因此，本书在评估文创产品 IP 的价值时，以法定寿命、合同有效期限为基础，充分考虑当下文创 IP 的生命周期以及所处时期，结合被评估文创 IP 自身的发展潜力来确定其经济寿命，最后综合确定被评估文创 IP 的收益期限。

（四）折现率的确定

折现率的确定也是文创 IP 价值评估模型中的重点。无形资产评估中折现率的计算方法通常有风险累加法、资本资产定价模型（CAPM）和加权平均资本成本法。其中：风险累加法是将无风险报酬率和风险报酬率相加得到折现率的，采用该种方法需针对不同类别的无形资产确定其所面临的不同的各种特殊风险；资本资产定价模型也是通过将无风险报酬率和风险报酬率加总得到折现率的，采用该模型需要有较完善的资本市场和充分有效的信息；加权平均资本成本法则是通过求得文创 IP 所属企业全部资产的加权平均投资报酬率来替代折现率的。

无形资产折现率的衡量一直是无形资产评估中的难点问题，文创 IP 与著作权、专利权和专有技术权存在类似点，故本书将借鉴《南京广安科技有限公司拟用无形资产出资涉及的其持有的计算机软件著作权价值项目评估报告》《中航沈飞股份有限公司拟对沈阳飞机工业（集团）有限公司涉及资产减值测试的专利权、专有技术及软件著作权进行减值测试项目资产评估报告》中对无形资产折现率的衡量方法，采用资本资产定价模型（CAPM）估算文创 IP 的折现率。

（五）文创 IP 价值评估的困境

1. 未来收益的确定

文创 IP 作为一种知识产权类的无形资产，其本身是无形的状态。由于文创 IP 这种无形资产的价值附着在有形的实体衍生品上，所以在确定文创 IP 的价值时，需要将其从实体衍生品的价值中剥离出来。而在这个过程中，存在一些困难：

一方面，模型构建需要大量的数据。在文创 IP 价值评估模型以及其衍生品收益估算中，需要大量的数据做支撑。对数据进行收集时，需要耗费大量的时间和精力，同时还要将收集到的数据中不符合要求的部分剔除，进行二次处理，任务较为繁重。

另一方面，预期收益测算困难。在文创 IP 的预期收益的界定和测算过程中，应当依据文创 IP 自身的实际特点用收益法对其进行评估。然而文创 IP 的特点较多，有一部分可以采用定量方法衡量，但是绝大部分仅能进行定性分析。故本书将采用专家打分法和层次分析法确定文创 IP 收益。本书将使用层次分析法从衍生品的未来收益中剥离出 IP 本身的未来收益，其中，主要利用专家打分法来确定文创 IP 本身未来收益所占的比重。但是这样的做法带有一定的主观色彩，所以可能会导致计算出的文创 IP 的预期收益额有略微的偏差。

2. 确定折现率的难点

在确定文创 IP 衍生品价值评估模型中的折现率时，也遇到了一些瓶颈：

一方面，难以直接得出文创 IP 折现率。由于本书所涉及的相关文创 IP 的案例公司中有些并未上市，所以案例公司具体的相关数据难以搜寻到，故需要通过测算可比公司的 β 值及资本结构来计算案例公司的折现率。并且，在对影视类文创 IP 价值进行评估时，发现许多可比公司的净资产收益率因疫情影响，近几年均为负值，不利于折现率的求取。

另一方面，无形资产折现率的确定方法尚无明确规定。第一，目前针对单独知识产权的折现率的测算可参考的理论知识和实例较少；第二，单独的知识产权的风险也不易界定，从而难以对单独知识产权的折现率进行测量。

3. 选择和确定收益期限的困境

文创 IP 预期收益持续时间的选择和确定也遇到了一些困境：

第一，无形资产实际收益期限与法定保护期限不同。无形资产具有获得超额收益能力的时间才是其真正的有效收益期限。而在当今科技迅速发展的情形下，无形资产的更新周期加快，经济寿命缩短，导致无形资产的有效期限可能会比其法定保护期短，所以在确定文创 IP 知识产权的收益期限时不能简单地使用法定保护期限，须考虑多方面的因素。

第二，无法直接得出文创 IP 剩余收益年限，确定方式较为主观。在对本书文创 IP 的案例分析中，选取的案例多为现下热门文创 IP。热门的文创 IP 难以利用直接估算的方法，即无法简单地通过文创 IP 本身以及其公司情况来得出文创 IP 的收益期限。因此，在确定文创 IP 收益期限的过程中，需要通过多个可比对象的发展历程来估算案例中文创 IP 的剩余收益年限。

第三，文创 IP 收益期限难以预测准确。文创 IP 是一种特殊的无形资产，其寿命期限难以界定准确。如果有更新奇的同类 IP 出现，更加吸引消费者，旧的 IP 很可能会被迅速取代，从而寿命缩短，收益期限自然也会缩短。

四、本章小结

本章对评估对象进行了确定，进行了评估方法适用性分析、文创 IP 价值评估模型构建与优化以及评估过程中困境的讨论。首先，本章对评估对象进行确定，判断文创 IP 收益的来源，并将衍生品收入作为文创 IP 的主营业务收入。其次，通过分析成本法、收益法和市场法在文创 IP 价值评估中的适用性，发现收益法是文创 IP 价值评估中最适用的方法。但是，运用传统收益法进行文创 IP 价值评估时存在较多问题，故需要对传统收益法进行改进。再次，结合文创 IP 价值的影响因素、文创 IP 价值评估对象，本章构建了社交类文创 IP、影视类文创 IP、艺术类文创 IP 以及游戏类文创 IP 价值预测模型。在收益额方面，根据原仓 IP 数据库，构建了社交类文创 IP、影视类文创 IP、艺术类文创 IP 以及游戏类文创 IP 衍生品收入预测模型，再通过层次分析法从社交类文创 IP、影视类文创 IP、艺术类文创 IP 以及游戏类文创 IP 的衍生品收入中提炼出社交类文创 IP、影视类文创 IP、艺术类文创 IP 以及游戏类文创 IP 的收益。在折现率方面，借鉴相关著作权资产评估报告和无形资产评估报告，将文创 IP 所属公司的股权资本成本作为文创 IP 的折现率。在收益期方面，以法定寿命、合同有效期限为基础，充分考虑当下文创 IP 的生命周期以及所处时期，结合被评估文创 IP 自身的发展潜力来确定其经济寿命，最后综合确定被评估文创 IP 的收益期限。

本章构建的社交类文创 IP、影视类文创 IP、艺术类文创 IP 以及游戏类文创 IP 价值评估模型是本书的重点，也是本书的核心。四类文创 IP 价值评估模型的提出，给资产评估机构和资产评估师评估文创 IP 价值提供了一种思路，有利于资产评估机构和资产评估师估算出更合理的价值。

第四章 影视类文创 IP 价值评估案例分析

本章选取《铠甲勇士》和《大闹天宫》两个影视类文创 IP 进行案例分析，通过对《铠甲勇士》和《大闹天宫》两个影视类文创 IP 案例进行剖析、计算以及应用，验证第三章中提出的影视类文创 IP 价值预测模型的合理性，期望为资产评估师评估影视类文创 IP 价值提供帮助。

一、《大闹天宫》IP 价值评估案例分析

（一）上海美术电影制片厂简介

上海美术电影制片厂成立于 1957 年 4 月，前身是东北电影制片厂卡通股，是中国历史悠久、片库量丰富、知识产权众多的美术电影制片基地。建厂后共摄制美术片 500 多部，创作了《大闹天宫》《哪吒闹海》《天书奇谭》《黑猫警长》《葫芦兄弟》《宝莲灯》等伴随几代中国人成长的经典作品，获得了 400 多项国内外大奖，以动画"中国学派"享誉国际。表 4-1 为上海美术电影制片厂发展历程。

表 4-1 上海美术电影制片厂发展历程

时 间	发展历程
1957—1966 年	中国美术电影鼎盛时期，在特伟"探民族风格之路，敲喜剧样式之门"创作方向的指导下，美术片百花齐放，形式多样，拍出了一批至今依然是中国美术电影史上最优秀的作品，在国内外声誉鹊起
1958 年	增添了一个新的美术片种——剪纸片，万古蟾带领一批青年美术片工作者，融合民间皮影戏、北方剪纸、窗花的艺术特点，成功地拍摄出第一部彩色剪纸片《猪八戒吃西瓜》

续表

时　间	发展历程
1960 年	创造了水墨动画新工艺，把典雅的中国水墨画与动画电影相结合，形成了最有中国特色的艺术风格。在特伟、钱家骏的指导下，以唐澄、邬强、严定宪、徐景达为代表的动画设计人员和段孝萱、王世荣、游涌为代表的摄影人员把具有民族传统的水墨画搬上银幕，摄制了享誉世界的中国第一部水墨动画片《小蝌蚪找妈妈》和获得国际最高荣誉的水墨动画片《牧笛》。同年，虞哲光拍出第一部折纸片《聪明的鸭子》
1961—1964 年	万籁鸣、唐澄联合执导的第一部影院动画长片《大闹天宫》（上下集），展现了强烈的民族风格。作为动画"中国学派"的代表作，《大闹天宫》（上下集）在世界上也产生了广泛而深远的影响
1963 年	周恩来总理赞扬美术电影部门在中国电影事业中是具有独特风格、比较优秀的部门
1977 年	上海美术电影制片厂恢复了创作生产。从此，美术电影又进入了一个辉煌的新时期
1979 年	为庆祝中华人民共和国成立 30 年而摄制的《哪吒闹海》，是中国第一部宽银幕动画长片，它以浓重壮美的表现形式再一次焕发出民族风格的光彩，在国内外深受欢迎。第一部木偶系列片《阿凡提的故事》生动刻画了新疆维吾尔族的一个传奇人物——阿凡提。200 多部艺术短片，丰富了动画片的题材及表现手段，如水墨动画片《鹿铃》《山水情》，水墨剪纸片《鹬蚌相争》，取材于敦煌壁画的《九色鹿》，风格新颖、蜚声中外的《三个和尚》，幽默讽刺片《超级肥皂》，寓意深刻的《狐狸打猎人》，抒情动人的《雪孩子》，异想天开的《猴子捞月》，富有民族风格的《人参果》《南郭先生》《夹子救鹿》《眉间尺》等。其中，《三个和尚》是中国第一部获柏林电影节银熊奖的动画片，《鹬蚌相争》是第一部获柏林电影节银熊奖的水墨剪纸片，《黑猫警长》是我国第一部科普动画系列片
1984 年	美术片创作随着改革的步伐继续前进。这一时期创作的重点放在了系列美术片上。第一部剪纸系列片《葫芦兄弟》、十三集动画片《邋遢大王奇遇记》、系列动画片《舒克和贝塔》和《魔方大厦》也是这一时期重要作品。随后，周克勤、常光希先后担任厂长
1994 年	金国平出任厂长。1999 年的《宝莲灯》是继 1984 年《金猴降妖》后的又一部影院动画电影，是我国第一部尝试商业化运作的动画电影。该动画电影由常光希担任导演，吴贻弓担任艺术指导，金复载任音乐总监，姜文、宁静、陈佩斯、徐帆等参与配音。电影三首主题曲和插曲是《想你的 365 天》《天地在我心》《爱就一个字》，演唱者分别是李玟、刘欢和张信哲
2001 年	第一部校园音乐题材动画系列片《我为歌狂》推出，飞扬不羁的追梦故事与精心打造的多首原创歌曲为国产动画开辟了崭新篇章。加上胡彦斌、灵感乐队等乐团新力量，创下了超白金唱片销售记录

续表

时　间	发展历程
2004年	由速达导演的《大耳朵图图》动画系列第一部推出，在中央电视台少儿频道首播。5季全长130集的动画陪伴了无数孩子的童年，连续多年获央视少儿频道和四大卡通卫视收视冠军，网络点播量超过20亿
2007年	出品了大型民族史诗影院动画片《勇士》，获得了"第12届中国电影华表奖优秀动画片奖""常州最佳中国长片奖"，之后还获得了电影界学术影响很大的"金鸡奖"最佳美术片奖和"金熊奖"国际动画作品——最佳影院动画片奖
2011年	在1961年版《大闹天宫》上映50多年后，将传统与高科技相结合，与全球最大的影视后期技术公司、影视后期制作公司携手，为这部经典作品创造全新的3D版本。美国技术人员通过全球领先的技术，对其进行胶片修复、还原、调色等一系列数字处理以及2D到宽银幕3D画面转换等大量工作。2012年，钱建平担任厂长职务
2015年	出品了动画电影《黑猫警长之翡翠之星》，2018年推出了3D动画电影《阿凡提之奇缘历险》

数据来源：作者根据网络公开资料自行整理。

上海美术电影制片厂还将出品影院动画片《大耳朵图图之霸王龙在行动》《雪孩子之伴我一生》《孙悟空之火焰山》，新制作了《神奇少年桑桑三部曲》《五重奏》《巨人花园》《孔子之道》《小熊包子》等。2022年上海美术电影制片厂制作了北京冬奥会宣传片，得到了外界的一致好评。

(二)《大闹天宫》动漫作品介绍

《大闹天宫》是上海美术电影制片厂制作的一部二维动画电影，由万籁鸣、唐澄联合执导，影片根据古典著作《西游记》中前七回的故事改编，分为上下两部，上部于1961年完成，下部于1964年完成，历时4年，制作成本约100万元。影片以神话形式，通过孙悟空闹龙宫、反天庭的故事，突出表现了主角孙悟空的传奇经历。《大闹天宫》作为中国动画片的经典影响了几代人，堪称"中国动画史上的丰碑"。

《大闹天宫》在1961年公映上部，1964年7月25日全本首映，由于文艺政策的变化，直到1978年才得以全本公映，并延伸至海外。作为新中国第一部广泛海外发行的动画片，《大闹天宫》曾向44个国家和地区输出、发行和放映，包括英国BBC在内的很多国家的电视台都放映过该片，取得很大的反响。影片曾获得过多项奖项，包括但不限于以下几个：1963年中国第二届电影百花奖，1962年捷克斯洛伐克第十三届卡罗维发利国际电影节短片特别奖，1978年第二十二届伦敦国际电影节最佳影片奖，1980年第二次全国少年儿童文艺创作评奖委员会一等奖，1982年厄瓜多尔第五届基多国际儿童电影节三等奖。

(三)《大闹天宫》动漫衍生品介绍

同名电影《大闹天宫3D》对1964年版的《大闹天宫》进行胶片修复、色彩还原、数字处理、3D特效制作后，于2012年1月11日在中国内地上映，并掀起了一波热度，随之而来的是一系列动漫衍生品的开发与热销，包括带3D效果的笔记本、尺子、文具、玩具、游戏等。

除此之外，《大闹天宫》动画还与很多品牌推出了联名系列商品。例如：2019年，乔丹体育携手上海美术电影制片厂推出首个动画联名系列——"乔丹质燥"×《大闹天宫》联名款，包括三款重磅鞋以及其他很多时尚单品；同年，海澜之家宣布与上海美术电影制片厂打造《大闹天宫》联名系列，打造年轻化IP；2021年，凯乐石联名《大闹天宫》，推出此次联名活动主推的产品——凯乐石MONT冲锋衣；2022年，青蛙王子品牌与《大闹天宫》联名推出国潮系列童装。除了服装，《大闹天宫》的联名品牌还涉及汽车、手表、白酒等其他领域，这些联名商品受到了消费者的大力追捧。

图4-1为上海美术电影制片厂官方旗舰店以及京东旗舰店部分相关衍生品、联名品图片。

(四) 改进文创IP价值评估方法在《大闹天宫》影视类文创IP中的应用

1. 收益期限

无形资产收益期限一般是根据资产自身特征确定的，如法定寿命、经济寿命和合同的有效期限等。《大闹天宫》作为一种影视类文创IP，其超额收益不仅与企业自身的发展密切相关，也会受到受欢迎程度和市场需求的影响。

第四章 影视类文创IP价值评估案例分析

马克杯	耳机套	书包
书签	钥匙扣	手机壳
桌面摆件	按动笔	积木
青蛙王子联名童装	凯乐石MONT冲锋衣	奇瑞瑞虎5x Hero

图 4-1 《大闹天宫》部分衍生品

图片来源：作者根据网络公开资料自行整理。

63

如今，上海美术电影制片厂仍在不断推出影院动画片引领电影市场，并于2019年亮相上海国际电影节，此次电影节的海报就是以《大闹天宫》为主视觉灵感来源的。海报的设计者认为《大闹天宫》是华语电影的美学巅峰之作，是老一辈中国电影人的心血结晶。电影节期间，观众看到了经过数年精心修复的完整修复版《大闹天宫》。时隔几十年，上海美术电影制片厂仍然高度重视《大闹天宫》这一影片，甚至花大量时间、精力对其进行修复，以便其能更好地重现在大众视野中。

2020年7月，经上海美术电影制片厂修复完成的《大闹天宫》影片在中国内地重映，瞬间在网络上掀起了一波回忆杀，重新引起了广大观众对该影片的关注。重映两个月以来，即在2020年9月这一时点，影片播放量达0.639亿次，微博粉丝数达2.498万，讨论话题数达20个，话题曝光度达到了4 829亿，涉及该IP的在售商品类目数达1 359种，类目均价约71.13元，电商店铺数634个。三个月之后，即2020年12月这一时点，影片微博话题曝光度达到45 795亿，大约为9月的10倍。

此外，2020年7月《大闹天宫》重映以来的电影票房信息如图4-2所示。

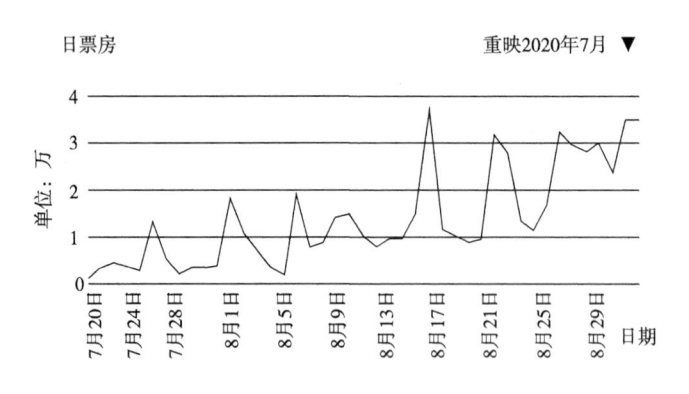

图4-2　《大闹天宫》电影票房信息

数据来源：灯塔专业版App。

注：电影票房数据是客观反映影片受欢迎程度的指标。

从票房数据中可以看出，《大闹天宫》重映以来受欢迎程度呈现整体上升的趋势，在一定程度上提升了《大闹天宫》影视类文创IP的活跃度，将这一IP形象深深刻在了相关消费者的脑海里，也促使消费者去追逐《大闹天宫》

相关衍生品。除了在影院，在各大视频播放平台，只要输入"大闹天宫动画片"几个字，就能搜索出来较多视频，特别是完整影片的播放量都是万次以上。例如，在B站搜索，会发现有一条名为《【经典国产动画】大闹天宫1961版》的视频，播放量达23.3万次。由此我们可以看出，《大闹天宫》这一影视类文创IP依旧深受粉丝的喜爱，并且相关衍生品创造的营业收入也能保持当前水平。

本书中，《大闹天宫》收益期的确定采取影视类文创IP对比方法。选取同为上海美术电影制片厂出品的动漫《大耳朵图图》为对比对象。本书选择《大耳朵图图》为对比对象有以下两个原因：第一，两者都是上海美术电影制片厂出品的影视类文创IP，在播出过程中都获得了良好的粉丝效应，且两者为企业创造收入的都是相关衍生品。第二，从两者的微博粉丝数、话题讨论数、曝光度以及在售商品类目数相关数据来看，两者衍生品产品营销模式、消费者对IP的喜爱程度和市场的反映具有极大的相似性。但是，两部影视类文创IP仍存在一些区别。首先，《大耳朵图图》的受众更多的是年龄较小的少儿观众，而《大闹天宫》的故事来源于名著《西游记》，受众本身就很广泛，加上《大闹天宫》自身的神话色彩，受众涵盖了少儿、青年、中年甚至一部分老年群体。其次，《大闹天宫》IP潜在竞争对手较多，如近几年爆火的《哪吒》《姜子牙》等影视类文创IP，均会对《大闹天宫》IP造成影响，并且随着《大闹天宫》电影的上映结束，其曝光度也会逐步减弱，用户群体将会受到一定的影响。

结合以上分析，本书认为从2022年6月30日开始，《大闹天宫》将能继续维持目前的热度，再结合《大闹天宫》的市场状况分析认为，该影视类文创IP还处于成长阶段，预计2.5年后，预期收入将会达到一个稳定阶段，因此其收益期限还有5年。

2. 未来收益

根据手工收集的原仓IP历史数据对未来收益进行预测，并将预测的结果代入前面的实证模型，确定《大闹天宫》影视类文创IP衍生品产生的未来预期收益。具体的预测方法如下：首先，根据历史数据计算相关变量的平均增速；其次，以2022年6月30日评估基准日的数据为基础，用计算得到的平均增速对各变量进行预测；最后，以成长期后未来收益达到稳定状态的数值作为后期未来收益。

(1) 历史数据分析。《大闹天宫》影视类文创 IP 衍生品历史数据如表 4-2 所示。

表 4-2 《大闹天宫》文创 IP 衍生品历史数据

时 点	2020-09	2020-12	2021-03	2021-06	2021-09	2021-12	2022-03	2022-06	平均增速（%）
微博粉丝数（万）	2.50	2.50	2.50	2.49	2.49	2.40	2.40	2.40	-0.56
话题讨论数（个）	20	184	184	26	21	22	24	24	104.11
话题曝光度（亿）	4.83	45.79	472.50	5.29	5.14	5.28	6.31	6.31	242.95
在售商品类目数（个）	1359	1636	2231	2444	1258	28	30	30	-10.4
类目均价（元）	71.13	67.23	169.62	110.16	103.1	103.91	157.22	127.47	19.79
电商店铺数（个）	634	667	791	904	550	433	520	547	0.42
播放量（万）	0.64	0.68	0.70	1.21	0.50	1.06	1.15	1.57	25.96

数据来源：作者根据原仓数据库数据计算整理。

注：本表所收集历史数据中类目均价、在售商品类目数、电商店铺数为当月更新的统计数，其余数据均为持续累计更新的时点数。

从表 4-2 中的数据可知，《大闹天宫》影视类文创 IP 衍生品的话题讨论数、话题曝光度、在售商品类目数目前一直处于波动较大的状态，直到 2021 年 12 月才逐渐稳定。考虑到《大闹天宫》影视类文创 IP 与互联网相互依存，会受到各种因素的影响，本书认为短期内影视类文创 IP 呈现的状态更具有参考价值。因此，在对《大闹天宫》影视类文创 IP 话题讨论数、话题曝光度、在售商品类目进行预测时，本书是将 2021 年 12 月至 2022 年 6 月的平均增速作为未来的增速进行预测的。经计算，得到《大闹天宫》影视类文创 IP 衍生品的话题讨论数、话题曝光度的平均增长率分别为-1.34%和 4.84%。

(2) 未来数据预测。《大闹天宫》影视类文创 IP 衍生品未来数据预测如

表 4-3 所示。

表 4-3　《大闹天宫》影视类文创 IP 衍生品未来数据预测

时　点	2022-09	2022-12	2023-03	2023-06	2023-09
微博粉丝数（万）	2.39	2.37	2.36	2.35	2.33
话题讨论数（个）	24	23	23	23	22
话题曝光度（亿）	6.62	6.94	7.27	7.62	7.99
在售商品类目数（个）	27	24	22	19	17
类目均价（元）	152.69	182.91	219.10	262.46	314.40
电商店铺数（个）	549	552	554	556	559
播放量（万）	1.98	2.49	3.14	3.95	4.98
时　点	2023-12	2024-03	2024-06	2024-09	2024-12
微博粉丝数（万）	2.32	2.31	2.29	2.28	2.27
话题讨论数（个）	22	22	22	21	21
话题曝光度（亿）	8.38	8.78	9.21	9.65	10.12
在售商品类目数（个）	16	14	12	11	10
类目均价（元）	376.61	451.14	540.41	647.35	775.45
电商店铺数（个）	561	563	566	568	570
播放量（万）	6.27	7.90	9.95	12.53	15.78

数据来源：作者自行计算整理。

（3）衍生品销售收入预测。首先，各基准点的销售收入应该以前面的实证研究和模型的构建为依据确定，《大闹天宫》影视类文创 IP 产地为 1，男女比例为 1，地域分布为 1，并且粉丝属性为 1，将表 4-3 的未来数据预测分别代入公式（4.1），得到各基准点的销售收入。

$$IPSales = 470.480 + 3.581 \ln Fannum + (-196.015) Fanlocal + (-41.687) Fangender + 117.874 Fanquality + 4.454 age + (-87.873) local + 0.053 Topicdiscussion + 0.001 Topicexposure + 0.005 Goodsnum + 0.279 Goodsprice + 0.097 Shopnum + 101.727 \ln Playbackvolume$$

（4.1）

其次，由前述可知，本书的预测频率为 3 个月一次，以 3 个月的平均值作为基准预测时点数据，故销售收入为基准点预测时点的销售收入乘以 3，未来2.5年后的成熟期数据将以2024年10—12月这一时段的数据为基准,保持稳定值。最终计算结果如表4-4所示。

表4-4 《大闹天宫》影视类文创IP衍生品的
未来销售收入　　　　　　　　（单位:万元）

时　段	IPSales
2022-06—2022-09	2 123.02
2022-10—2022-12	2 222.91
2023-01—2023-03	2 327.82
2023-04—2023-06	2 438.74
2023-07—2023-09	2 556.85
2023-10—2023-12	2 683.58
2024-01—2024-03	2 820.64
2024-04—2024-06	2 970.05
2024-07—2024-09	3 314.27
2024-10—2024-12	3 316.22
2025-01—2027-06	33 162.18

数据来源:作者自行计算整理。

(五) 折现率分析

1. 可比公司的选取

由于上海美术电影制片厂为非上市公司,难以获得财务数据。因此,为了确保数据的可得性,本书选取了在主营业务和盈利模式等方面相近的几家上市公司作为参考,以它们的平均指数为基础来计算上海美术电影制片厂影视类文创IP衍生品的折现率。

(1) 金诺科技。金诺科技,即合肥金诺数码科技股份有限公司,成立于2003年,是集创意文化与数字技术为一体的高科技公司。该公司是安徽民营文化企业中率先进行股份改制的企业,是安徽省首批国家动漫企业,也是安徽率先在新三板挂牌的数字文化创意企业（证券代码为830861,证券简称

"金诺科技")。金诺科技拥有 WR 虚拟现实、AR 增强现实、体感及语音等多维交互核心技术,为各类主题展馆、企事业单位提供包括主题创意设计、数字创意内容及软件、数字文化创意展示及集成在内的数字化产品和服务,是安徽数字文化产业的领军企业,是国内实力雄厚和拥有巨大发展潜力的数字创意企业。

(2) 约克动漫。约克动漫即河南约克动漫影视股份有限公司,成立于 2009 年 3 月,是一家立足于国际市场的中国动漫文化产业综合服务商。公司以动漫影视、文化旅游、科普教育、元宇宙内容提供为主营业务。2014 年 8 月,公司顺利实现新三板挂牌上市,成为河南省第一家新三板挂牌上市的动漫企业。公司连续十年获得国家文化出口重点企业荣誉,同时也是国家级动漫企业、国家高新技术企业、商务部重点联系服务外包企业、技术先进型服务企业。约克动漫深挖动漫产业链,实行双循环发展模式。在国际上,文化出口业务辐射加拿大、意大利、巴西以及中国香港等 30 个国家和地区,作品在尼克国际、BBC 儿童频道、意大利国家电视台、俄罗斯国家电视台等平台播出。在国内,多部原创作品在央视一套、央视少儿、30 余家少儿频道及网络平台播出。截至 2021 年,公司完成动画长篇剧集 25 部,动画宣传片 336 部,累计创汇 4 400 万美元。

(3) 小白龙。小白龙即广东小白龙动漫文化股份有限公司,位于中国广东省汕头市澄海区,公司建有大型智能生产基地约 5 万平方米,成立于 2004 年,是一家专业从事动漫玩具、益智玩具的生产制造、研发、销售和服务的新三板挂牌公司。公司以积木结合 IP 加文化的发展战略,先后创立"小白龙""积高"两个国内外知名品牌,并自主原创 IP 积高侠。经过多年的市场开拓,小白龙已形成了覆盖全球的市场销售网络和丰富的客户资源,产品销往日本、美国、欧盟、拉美、东南亚等全球近百个国家和地区。

(4) 博润通。博润通,即武汉博润通文化科技股份有限公司,成立于 2010 年,获得 17 项国家级奖项,累计获得奖项超过 100 多项,知识产权 6 000 余项,原创作品有《木奇灵》《乌龙院之活宝传奇》《巷食传说》《公交男女》《UP 喵》等,网络点击量超过 100 亿次。《木奇灵》等三部原创作品在央视少儿黄金档播出,与腾讯合作的《乌龙院之活宝传奇》点击量超过 15 亿次,出品精品动画超过 5 000 分钟,影响粉丝超过 1 000 万人。2014 年,公司登陆新三板,股票代码为 831252,是经认定的动漫企业、全国版权示范单位、高新技术企业、湖北省文化产业示范基地、武汉市文化和科技融合示范企业。

(5) 杰外动漫。杰外动漫，即北京杰外动漫文化股份有限公司，成立于2010年，是专业从事国内外动漫、幼教IP的运营机构，业务涉及动漫类IP创作与投资、视频授权、商品化授权、游戏化授权、线下展览展示和海外授权业务等。公司的宗旨是"为青少年儿童留下美好的时光印记"。公司专注动漫行业十余年，在深耕国内市场的同时，也深入参与到国际动画市场当中，成为中外动漫文化交流的优选窗口。杰外动漫的供应商来自中外100多家电视台和制作单位，拥有超过42万分钟的动画节目。运营品牌包括哆啦A梦、宝可梦、魔卡少女樱、夏目友人帐、巧虎、加菲猫等世界知名品牌，还包括厨神小当家、魔法律事务所、战刻夜想曲、爆速合体、斗龙战士、神兽金刚等自有品牌。合作伙伴涵盖出版机构、播出机构、商品生产机构、游戏运营机构、活动演出机构等大量覆盖全球的被授权商。

2. 折现率的计算

本案例的折现率采用资本资产定价模型确定，计算公式如下：

$$R_e = R_f + \beta \times (R_m - R_f) \quad (4.2)$$

式中，R_e为权益资本成本（折现率）；R_f为无风险收益率，R_m为行业平均收益率；β为被评估企业所在行业的系统风险。

(1) 无风险收益率R_f的确定。我国常用的无风险利率主要是银行存款利率和国债利率。由于企业现金流与中长期国债利率在时间上相统一，所以本书根据中国10年期的国债收盘率来确定无风险收益率，通过2022年6月30日的十年期国债到期收益率得到无风险收益率R_f为2.82%。

(2) 行业平均收益率R_m的确定。以与上海美术电影制片厂处于同一行业的五家上市公司的平均净资产收益率（ROE）作为行业平均收益率R_m，计算可得行业平均收益率R_m为2.63%。（如表4-5所示）

表4-5 可比公司净资产收益率

证券代码	可比公司	ROE（%）
830861	金诺科技	4.64
830936	约克动漫	2.83
831015	小白龙	1.71

续表

证券代码	可比公司	ROE（%）
831252	博润通	1.13
835948	杰外动漫	2.85

数据来源：同花顺 iFind 数据库。

（3）β 系数的确定。β 系数采用可比公司法，具体计算过程如下：

$$\beta_e = \beta_u \times \left[1 + (1-t) \times \frac{D}{E}\right] \tag{4.3}$$

式中，β_e 为标的公司权益资本的预期市场风险系数；β_u 为可比公司的预期市场风险系数；D 为付息债务；E 为权益资本。

可比公司的预期市场风险系数用同花顺 iFinD 数据库中 β 值计算器计算得到。具体采用可比公司 2021 年 6 月 30 日至 2022 年 6 月 30 日的日收益率和沪深 300 指数 2021 年 6 月 30 日至 2022 年 6 月 30 日的日收益率进行回归，计算结果见表 4-6。

表 4-6　可比公司预期市场风险系数

可比公司	β
金诺科技	0.399 7
约克动漫	0.320 1
小白龙	0.392 2
博润通	0.565 5
杰外动漫	0.831 1
平均值	0.501 7

数据来源：同花顺 iFind 数据库。

将上述计算结果代入公式得到上海美术电影制片厂预期市场风险系数：

$$\beta_e = 0.501\ 7 \times [1 + (1 - 15\%) \times 0.325\ 7] = 0.640\ 6 \tag{4.4}$$

因此，折现率 R_e 为：

$$R_e = 2.82\% + (2.63\% - 2.82\%) \times 0.640\ 6 = 2.70\% \tag{4.5}$$

因本案例评估对未来收益的预测是以每三个月为一周期，故折现率 R_e 需转换为对应的季度利率。最终测得季度利率为：

$$r = (1+2.70\%)^{\frac{1}{4}} - 1 = 0.67\% \tag{4.6}$$

（六）分成率分析

前面是对《大闹天宫》影视类文创 IP 衍生品的销售收入进行的预测，故需要从《大闹天宫》IP 衍生品收入中剥离出影视类文创 IP 的价值。本书选用层次分析法计算《大闹天宫》IP 在衍生品中的比重，即 IP 的分成率。具体的划分如图 4-3 所示。

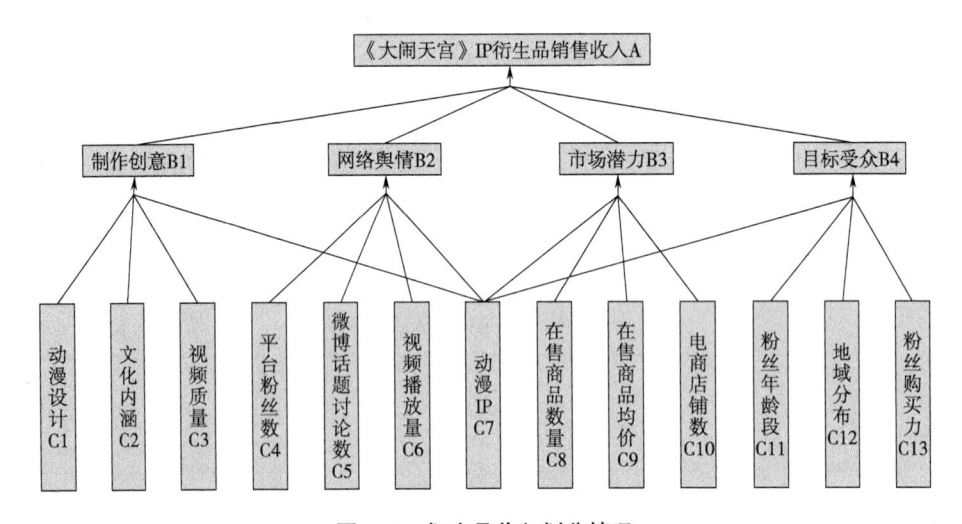

图 4-3 衍生品收入划分情况

图片来源：yaahp 软件生成。

在图 4-3 的层次分析结构中，目标层是《大闹天宫》IP 衍生品的销售收入用字母 A 表示；第二层为一级指标，用字母 B 表示；第三层为二级指标，用字母 C 表示。二级指标 C 涉及 13 个影响因素，分别是动漫设计、文化内涵、视频质量、平台粉丝数、微博话题讨论数、视频播放量、动漫 IP、在售商品数量、在售商品均价、电商店铺数、粉丝年龄段、地域分布和粉丝购买力。根据影响因素的具体划分，本书运用专家打分法对各个指标的权重进行了详细的计算，A 表示动漫衍生品销售收入，B1 表示制作创意，B2 表示网络舆情，B3 表示市场潜力，B4 表示目标受众，ω 表示各因素权重。具体的计算过程如表 4-7 所示。

表 4-7 《大闹天宫》动漫衍生品收入分解——A-B 分解

A	B1	B2	B3	B4	ω
B1	1	3	2	2	0.396 2
B2	1/3	1	1/3	1/5	0.087 9
B3	1/2	3	1	2	0.277 4
B4	1/2	5	1/2	1	0.238 4

表 4-7 是对矩阵进行列向量归一化和行向量归一化处理后的结果，通过计算，得到 λ_{max} =4.251 5，最后得出 CR = 0.094 2<0.1，即通过一致性检验。

将方案层各元素两两相互比较，得出如表 4-8 至表 4-12 所示结果。

已知，B1 表示制作创意因素，C1 表示动漫设计，C2 表示文化内涵，C3 表示视频质量，C7 表示动漫 IP。

表 4-8 B1-C 单排列

B1	C1	C2	C3	C7	ω
C1	1	1/3	1/3	3	0.155 4
C2	3	1	1/2	5	0.329 2
C3	3	2	1	4	0.440 7
C7	1/3	1/5	1/4	1	0.074 7

通过计算，得到 λ_{max} = 4.148 3，最后得出 CR = 0.055 6<0.1，即通过一致性检验。

已知，B2 表示网络舆情因素，C4 表示平台粉丝数，C5 表示微博话题讨论数，C6 表示视频播放量，C7 表示动漫 IP。

表 4-9 B2-C 单排列

B2	C4	C5	C6	C7	ω
C4	1	4	3	7	0.543 4
C5	1/4	1	1/3	4	0.151 0
C6	1/3	3	1	3	0.242 8
C7	1/7	1/4	1/3	1	0.062 8

通过计算,得出 $\lambda_{\max}=4.2185$,最后得出 $CR=0.0818<0.1$,即通过一致性检验。

已知,B3 表示市场潜力因素,C7 表示动漫 IP,C8 表示在售商品数量,C9 表示在售商品均价,C10 表示电商电铺数。

表 4-10　B3-C 单排列

B3	C7	C8	C9	C10	ω
C7	1	1/5	2	1/3	0.114 8
C8	5	1	5	1/2	0.356 9
C9	1/2	1/5	1	1/6	0.066 6
C10	3	2	6	1	0.458 1

通过计算,得出 $\lambda_{\max}=4.1410$,最后得出 $CR=0.0528<0.1$,即通过一致性检验。

已知,B4 表示目标受众因素,C7 表示动漫 IP,C11 表示粉丝年龄段,C12 表示地域分布,C13 表示粉丝购买力。

表 4-11　B4-C 单排列

B4	C7	C11	C12	C13	ω
C7	1	1/2	3	5	0.337 3
C11	2	1	4	3	0.440 5
C12	1/3	1/4	1	1/2	0.091 7
C13	1/5	1/3	2	1	0.130 5

通过计算,得出 $\lambda_{\max}=4.2105$,最后得出 $CR=0.0788<0.1$,即通过一致性检验。

根据上述计算得出《大闹天宫》影视类文创 IP 占《大闹天宫》影视类文创 IP 衍生品销售收入权重,具体权重计算结果如表 4-12 所示。

表 4-12　C7 影视类文创 IP 在各准则层中的权重

ω	B1	B2	B3	B4
C7	0.074 7	0.062 8	0.114 8	0.337 3

所以,《大闹天宫》影视类文创IP占《大闹天宫》影视类文创IP衍生品销售收入权重为:

$$\omega_i = 0.074\ 7 \times 0.396\ 2 + 0.062\ 8 \times 0.087\ 9 + 0.114\ 8 \times 0.277\ 4 + 0.337\ 3 \times 0.238\ 4 = 14.73\%$$
(4.7)

(七)《大闹天宫》影视类文创IP价值评估结果

经过上述分析,在评估基准日(即2022年6月30日),可以得到《大闹天宫》文创IP价值的估值:

$$\begin{aligned}
V &= \left[\sum_{t=1}^{n} \frac{FCFF_t}{(1+R)^t} + \frac{FCFF_n}{(1+R)^8}(P/A,\ r,\ n-10)\right] \times \omega_i \\
&= \left[\frac{2\ 123.02}{1+0.67\%} + \frac{2\ 222.91}{(1+0.67\%)^2} + \frac{2\ 327.82}{(1+1.0.67\%)^3} + \right. \\
&\quad \frac{2\ 438.74}{(1+0.67\%)^4} + \frac{2\ 556.85}{(1+0.67\%)^5} + \frac{2\ 683.58}{(1+0.67\%)^6} + \\
&\quad \frac{2\ 820.64}{(1+0.67\%)^7} + \frac{2\ 970.05}{(1+0.67\%)^8} + \frac{3\ 134.27}{(1+0.67\%)^9} + \frac{3\ 316.22}{(1+0.67\%)^{10}} + \\
&\quad \left.\frac{3\ 316.22}{(1+0.67\%)^{10}}(P/A,\ 0.67\%,\ 10)\right] \times 0.147\ 3 \\
&= 8\ 171.27(万元)
\end{aligned}$$
(4.8)

即,《大闹天宫》影视类文创IP价值的估值为8 171.27万元。

二、《铠甲勇士》IP价值评估案例分析

(一)《铠甲勇士》影视类文创IP所属公司简介

奥飞娱乐股份有限公司(以下简称"奥飞娱乐"),是我国第一家上市的动漫企业,代码为002292,也是我国目前最具有实力和发展潜力的动漫及娱乐文化产业集团公司之一。2022年11月29日,奥飞娱乐在投资互动平台表示,公司现阶段主营业务为动画内容、玩具、婴童产品等,并就IP授权方式与不同平台领域开展业务合作。其前身为广东奥迪玩具实业有限公司,创立初期主要业务是玩具制造及销售,发展前期主要通过购买国外动漫作品的国内放映权和使用权获得高额的收益,维持公司的运营。在公司发展过程中,逐渐认识到原创动漫作品的重要性,开始积极发展原创IP,致力于发展动漫

全产业链系统。《巴啦啦小魔仙》《铠甲勇士》《巨神战机队》《有妖气》《萌鸡小队》等知名 IP 都是隶属于奥飞娱乐 K12[①]领域的优质 IP，在 K12 领域内已经实现动漫全产业链的生态运作并获得国际化战略效果。

在 2020 年 11 月 28 日中国企业评估协会发布的《2020 年中国新经济企业 500 强榜单》中，奥飞娱乐排名第 467 位，跻身中国 500 强企业。奥飞娱乐致力于打造泛娱乐产业生态圈，构建中国领先的动漫及娱乐产业运营平台，为消费者提供创新文化及周边产品和服务，持续推出更多精品 IP 内容，通过动画、电影、舞台剧、消费品、游戏、主题乐园、文化教育等多元化的互动业务模式，整合不同产业资源，满足消费者对文化娱乐体验的需求。

奥飞娱乐股份有限公司发展历程如下。

1. 第一阶段：1993—2003 年

奥飞娱乐于 1993 年正式成立。成立之初，奥飞娱乐主要专注于玩具制造及销售，企业定位仅是一个简单的玩具制造企业。之后，奥飞娱乐想仿造香港四驱车玩具，并在内地出售。为了提升销量，公司花重金从日本引进了《四驱兄弟》动漫。随着《四驱兄弟》的火爆，他们的玩具销量达到了高峰。与此同时，奥飞娱乐举办了第一届"奥迪杯"四驱车模大赛，开启了"教育+体育"新模式。这一阶段的奥飞娱乐只是初步产生了"玩具+动漫"的战略构想，本质还是以玩具制造为主，动漫作品只是一种营销手段，且主要是从国外引进优秀作品，可以说，此时的奥飞娱乐仅处于动漫产业链的最下游。

2. 第二阶段：2004—2008 年

在此阶段，奥飞娱乐公司意识到创作出自己的动漫作品的重要性，开始了自主影视类文创 IP 生产之路，企业定位也变成了"动漫+玩具"制造企业。但是，这一时期的中国动漫作品存在诸多问题，如市场影响力比较弱等，所以奥飞娱乐的重心依然放在玩具制造上，以获得国外授权引进动漫为主。同时，公司尝试自主创造影视类文创 IP，较为成功的原创动漫有《火力少年王》等。《火力少年王》的推出正式开启了"动漫+玩具"商业模式先河，此时的奥飞娱乐已经认识到一味引入 IP 所产生的授权费昂贵、维权成本高等弊端，开始有意识地尝试自创 IP 并进行动漫创作。

3. 第三阶段：2009—2012 年

奥飞娱乐在 2009 年 9 月 10 日成功在 A 股上市，成为中国第一家动漫产

---

① 教育类专用名词，是学前教育至高中教育的缩写。

业股，募集资金达4.667亿元。此时，奥飞娱乐规模逐步扩大，且融资渠道、业务范围扩展速度快。2010年，奥飞娱乐收购嘉佳卡通并由此获得传播渠道，完善了其产业链中重要的一环，再配合其原本的IP原创能力、衍生品制作能力，形成了IP从产生到播放发行，再到开发衍生品的一整套产业链条。

4. 第四阶段：2013年至今

产业链初步建立之后，奥飞娱乐仍不断地优化自己的产业链结构，利用并购、投资等方式调整各个产业所占比重，优化整体的战略布局。2013年，奥飞娱乐牵手《喜羊羊与灰太狼》，进一步丰富了IP资源库。奥飞娱乐以9亿元天价收购了"有妖气"漫画网站，意在为全年龄段人群提供动漫娱乐体验。此举引起业界极大震动，奥飞娱乐借此成功走出了原创IP受众普遍低龄化的窘境，实现IP内容的全年龄段覆盖。

奥飞娱乐的主营业务涉及影视类，以及玩具和婴童用品销售等，该公司构建了以影视类文创IP为核心的动漫文化产业生态，打造以用户为中心，覆盖婴幼儿至K12+人群，集动画、电影、授权、玩具、婴童等业务于一体的"IP+全产业链"运营平台。

(二)《铠甲勇士》动漫作品介绍

《铠甲勇士》是奥飞娱乐于2009年推出的系列英雄故事，自2009年首播以来，一系列的《铠甲勇士》在全国200家电视台不间断播出，各大卫视的收视率平均在8%左右，除了电视台之外，其网络播放量累计高达17亿次。截至2010年底，该动漫的衍生玩具销售量就已突破600万套，销售收入达6亿元。根据原仓IP数据库提供的数据，2022年8月《铠甲勇士》的月销售额达到101.38万元，在爱奇艺、芒果TV和哔哩哔哩等平台的视频播放量达18.42亿次。依托于奥飞娱乐海外市场的拓展和全方位的产业链平台，我国的影视类文创IP逐渐由"引进来"向"走出去"转变，提高了影视类文创IP在国际市场上的影响力。

迄今为止，《铠甲勇士》已经拥有10个系列。在2009年播出第一个系列取得不错的成绩和良好的口碑之后，相继推出了特摄《铠甲勇士之帝皇侠》(2010)、第二部《铠甲勇士刑天》(2011)，第三部《铠甲勇士拿瓦》(2013)、特摄《铠甲勇士之雅塔莱斯》(2014)、第四部《铠甲勇士捕将》(2015)、特摄《铠甲勇士捕王》(2016)、《铠甲英雄之暗影危机》(2017)、回忆篇《铠甲勇士铠传》（2018）和第五部《铠甲勇士猎铠》（2018），2020年上映第五部的下半部分，并且在每一个影片中都拥有新的人物形象，每个动漫人物都是一个IP和玩具，从而促进了动漫衍生品的营销售卖。

（三）《铠甲勇士》动漫衍生品介绍

《铠甲勇士》作为我国首部特摄片，赢得了大众的青睐，其所属公司奥飞娱乐也不容小觑。奥飞娱乐是我国动漫市场上最具影响力的动漫企业之一，主营业务就是通过动漫衍生品的生产销售获取利润。虽然我们无法得知《铠甲勇士》中单个影视类文创IP的营收情况，但是从影视类文创IP的曝光度和播放量来看，《铠甲勇士》无疑是营收贡献率最高的影视类文创IP之一。

影片中对人物的优化和故事情节的丰富，既保持了原有受众群体的稳定性，又吸引了大量的新粉丝。从奥飞娱乐近4年的年报财务数据，可知其影视类文创IP的衍生品玩具收入占营业收入的44%左右，婴童用品收入占营业收入的33%左右，具体情况如表4-13和表4-14所示。

表4-13　2018—2021年奥飞娱乐玩具占营业收入的比重

（单位：元）

项目	2018年	2019年	2020年	2021年
玩具收入	1 377 516 921.13	1 262 341 533.91	986 414 877.49	1 044 315 947.81
营业收入	2 839 790 072.06	2 726 920 351.65	2 368 198 964.01	2 644 316 753.12
占比（%）	48.51	46.29	41.65	39.49

数据来源：奥飞娱乐年报。

表4-14　2018—2021年奥飞娱乐婴童用品占营业收入的比重

（单位：元）

项目	2018年	2019年	2020年	2021年
婴童用品	688 415 870.58	838 169 050.63	906 021 272.76	906 621 272.76
营业收入	2 839 790 072.06	2 726 920 351.65	2 368 198 964.01	2 644 316 753.12
占比（%）	24.24	30.74	38.26	34.29

数据来源：奥飞娱乐年报。

从上述数据来看，与其他行业相比，奥飞娱乐的影视类文创 IP 衍生品收入是最重要的变现来源，衍生品生产也是动漫产业链最重要的一个环节。奥飞娱乐在拍摄《铠甲勇士》时，发挥主营业务优势，创作影视类文创 IP，同时加大对周边衍生品的设计，依靠强大的影视类文创 IP 营销手段和发行渠道，将主要精力放在了影视类文创 IP 衍生品的开发上。

（四）改进文创 IP 价值评估方法在《铠甲勇士》影视类文创 IP 中的应用

1. 收益期

影视类文创 IP 是一种知识产权，与其他无形资产一样，它的收益期限主要由该影视类文创 IP 获得超额收益能力的时间决定。《铠甲勇士》影视类文创 IP 是否能够给奥飞娱乐持续带来超额收益，主要根据奥飞娱乐是否能继续实现《铠甲勇士》动漫的原创性输出，使得该影视类文创 IP 的热度保持下去，并经过衍生品的销售获得持续的营业收入，同时也要关注奥飞娱乐是否能够制订长期计划，开发出新的动漫衍生品。分析奥飞娱乐的年报和财务状况可知，奥飞娱乐近几年仍然保持着较快的发展速度，并且业务板块和产业链趋于合理化，预计在未来一段时间，奥飞娱乐仍然会加大对《铠甲勇士》的投资。《铠甲勇士》自 2009 年上映以来，具体的放映情况如表 4-15 所示。

表 4-15 《铠甲勇士》放映情况

上映时间	动画系列	爱奇艺单日最高热度	单日最高热度出现的日期
2009 年	铠甲勇士	—	—
2011 年	铠甲勇士刑天	2 739	2017-02-25
2013 年	铠甲勇士拿瓦	2 792	2015-12-26
2015 年	铠甲勇士捕将	4 940	2015-12-05
2016 年	铠甲勇士酷垒积木大作战	2 523	2016-07-10
2016 年	铠甲勇士酷垒积木大作战（第二季）	2 851	2016-07-15
2018 年	铠甲勇士铠传	4 162	2018-01-20
2018 年	铠甲勇士猎铠之神脑危机	4 429	2018-11-04
2020 年	铠甲勇士猎铠之黎明天塔	3 988	2020-06-26

数据来源：爱奇艺官网。

注：爱奇艺的内容热度是客观反映内容的实时受欢迎程度的指标。

《铠甲勇士》动画的不断推出，提高了《铠甲勇士》IP的曝光度，使得《铠甲勇士》这个IP逐渐深入人心，进一步推动老粉忠诚化，并拉动《铠甲勇士》IP的衍生品消费。本书通过观察《铠甲勇士》这一系列动漫的爱奇艺播放热度，发现其并未出现下降的趋势，甚至在一定程度上有所增长，依然保持着相对较高的热度。综上所述，《铠甲勇士》影视类文创IP依旧深受粉丝的喜爱，并且相关衍生品的营业收入也保持着较高的水平。

除此之外，从图4-4也可以看到，《铠甲勇士》的关注度一直较稳定，2018年至2019年1月关注度较高，2019年1月至2021年10月处于相对稳定状态，但是2021年10月之后，出现了新的小幅增长，原因在于，2021年《铠甲勇士》官方发布了演员回归召唤的视频，在网络上又掀起了一波回忆热潮。

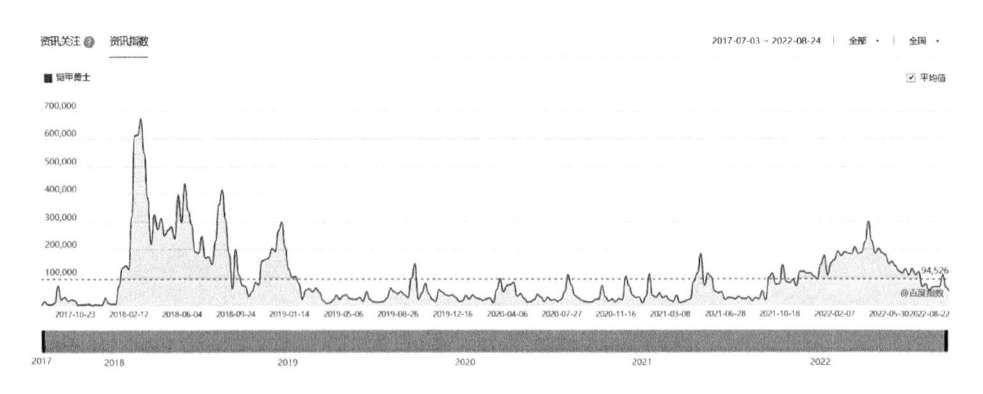

图4-4 2017年1月至2022年8月《铠甲勇士》的百度资讯指数

数据来源：百度指数。

本书中《铠甲勇士》收益期的确定采取影视类文创IP对比的方法，将同在奥飞娱乐旗下的真人版动漫《巴啦啦小魔仙》作为对比对象。本书选择《巴啦啦小魔仙》的原因主要有以下几个方面：首先，两者的运作模式相似，均是奥飞娱乐旗下自有的和特摄的影视类文创IP，且发行时间接近。在播放过程中均获得了良好的粉丝基础，并且两个影视类文创IP价值的主要来源都是相关衍生品的销售收入。其次，两部动漫均属于奥飞娱乐的战略性影视类文创IP，并且面向的都是K12领域。最后，两种影视类文创IP衍生品的发行方式、产品的营销模式、消费者对IP的喜爱程度和市场的反应都具有极大的相似性。但是，这两部动漫之间也存在差异，其中，受众群体和竞争的激烈程度存在较大区别。在受众群体方面，《铠甲勇士》的受众群体中男性占多数，女性占少数。而《巴啦啦小魔仙》的受众群体多为女性。在竞争方面，相对于《巴啦啦小魔仙》影视类文创 IP，《铠甲勇士》有较多的竞争对手，市场竞争更激烈。原因是，与《铠甲勇士》类似的《奥特曼》《假面骑士》等相关作品在市场上的热度一直未减，同时《奥特曼》《假面骑士》IP 的衍生品也是热销商品。

近几年，奥飞娱乐又拍摄了《巨神战击队》一系列作品，成为继首部国产英雄特摄电视剧《铠甲勇士》之后的又一作品，同样深受大众喜爱，因此，《铠甲勇士》的关注度有所下降。同时，在拍完《铠甲勇士》的最后一部作品之后，团队分崩离析，日本的编剧和演员均已回国。除此之外，《铠甲勇士》的衍生品还面临着《奥特曼》和《假面骑士》玩具的威胁，故《铠甲勇士》的玩具销售面临较大的危机。结合以上分析，本书认为，从 2022 年 6 月 30 日开始，奥飞动漫《铠甲勇士》将从一个高速增长的状态进入稳定阶段，其收益期限还有 6 年。

2. 未来预期收益

通过收益期的预测，可知《铠甲勇士》IP 能获得超额收益的期限为 6 年，且在这六年内将会出现由高速增长向稳定期的转变，因此，预测未来收益时，本书将采用两阶段模型。受到数据的限制，本书采用半年为周期收集《铠甲勇士》IP 相关的数据。由于我们之前的数据均以半年为一个周期，因此，在预测未来收益时，也以半年为一个单位进行预测。根据前面的推理，本书假定《铠甲勇士》影视类文创 IP 从 2022 年 6 月 30 日至 2024 年 6 月 30 日为增长期，2024 年 7 月 1 日至 2028 年 6 月 30 日为稳定期。

本书根据手工收集的原仓 IP 数据，对未来数据进行预测，并代入未来收益预测模型中来确定未来收益。首先，新冠疫情的暴发，导致消费者对互联网的需求量暴增，而影视类文创 IP 与互联网息息相关，影视类文创 IP 的消费暴增，《铠甲勇士》影视类文创 IP 的话题讨论数和话题曝光度波动较大，直到 2021 年 6 月才趋于平稳。因此，本书最终对这两个变量的平均增长率是在 2021 年 6 月至 2022 年 6 月的基础上进行预测的。经过计算，得知《铠甲勇士》影视类文创 IP 衍生品的话题讨论数、话题曝光度的增长率分别为 -1.65% 和 3.7%。

（1）《铠甲勇士》影视类文创 IP 的历史数据分析。《铠甲勇士》影视类文创IP的历史数据如表4-16所示。

表4-16 《铠甲勇士》影视类文创IP的历史数据

时　点	2020-09	2020-12	2021-03	2021-06	2021-09	2021-12	2022-03	2022-06	平均增长率（%）
微博粉丝数（万）	2.17	2.22	2.36	2.60	2.80	2.80	2.90	3.00	4.77
话题讨论数（个）	23	186	1 886	32	25	27	28	29	216.82
话题曝光度（亿）	0.61	12.87	138.63	3.27	3.21	3.51	3.61	3.77	414.90
在售商品类目数（个）	2 254	2 621	2 601	2 445	1 825	31	26	30	-16.41
类目均价（元）	51.03	56.04	32.24	52.09	128.53	58.43	49.06	49.68	15.19
电商店铺数（个）	945	1 018	1 111	943	675	601	519	500	-7.85
播放量（亿）	16.07	16.56	11.96	13.68	8.75	14.87	16.08	18.38	6.57

数据来源：原仓IP数据库。

（2）《铠甲勇士》影视类文创IP的未来数据分析。《铠甲勇士》影视类文创IP的未来收益预测情况如表4-17所示。

表4-17 《铠甲勇士》影视类文创IP未来收益预测

时　点	2022-09	2022-12	2023-03	2023-06	2023-09
微博粉丝数（万）	3.14	3.29	3.45	3.62	3.79
话题讨论数（个）	28.52	28.05	27.59	27.13	26.69
话题曝光度（亿）	3.91	4.05	4.20	4.36	4.52

续表

时　点	2022-09	2022-12	2023-03	2023-06	2023-09
在售商品类目数（个）	25	21	18	15	13
类目均价（元）	57.23	65.92	75.94	87.48	100.77
电商店铺数（个）	461	425	392	361	333
播放量（亿）	19.59	20.88	22.25	23.71	25.27

时　点	2023-12	2024-03	2024-06	2024-09	2024-12
微博粉丝数（万）	3.97	4.16	4.36	4.56	4.78
话题讨论数（个）	26.24	25.81	25.39	24.97	24.56
话题曝光度（亿）	4.69	4.86	5.04	5.23	5.42
在售商品类目数（个）	11	9	8	6	5
类目均价（元）	116.08	133.71	154.03	177.43	204.38
电商店铺数（个）	307	283	260	240	221
播放量（亿）	26.93	28.70	30.59	32.60	34.74

数据来源：作者自行计算整理。

（3）《铠甲勇士》影视类文创IP衍生品销售收入预测。首先，根据前面的实证研究和模型的构建估算各基准点的销售收入，通过查找原仓IP数据库可知，《铠甲勇士》影视类文创IP产地为1，男女比例为1，地域分布为1，并且粉丝属性为0，将表4-17《铠甲勇士》影视类文创IP未来收益预测数据分别代入公式：

$$IPSales = 470.480 + 3.581 \ln Fannum + (-196.015)Fanlocal + (-41.687)Fangender + 117.874 Fanquality + 4.454 age + (-87.873)local + 0.053 Topicdiscussion + 0.001 Topicexposure + 0.005 Goodsnum + 0.279 Goodsprice + 0.097 Shopnum + 101.727 \ln Playbackvolume + \varepsilon \tag{4.9}$$

其次，由前述可知，本书的预测频率为3个月一次，以3个月为一个时段，销售收入为基准点预测时点的销售收入乘以3，最终计算结果如表4-18所示。

表4-18 《铠甲勇士》影视类文创IP衍生品的未来销售收入

(单位：万元)

时　段	IPSales
2022-06—2022-09	1 761.96
2022-10—2022-12	1 781.84
2023-01—2023-03	1 803.75
2023-04—2023-06	1 827.52
2023-07—2023-09	1 853.68
2023-10—2023-12	1 882.14
2024-01—2024-03	1 913.14
2024-04—2024-06	1 946.70
2024-07—2024-09	1 983.74
2024-10—2024-12	2 024.07
2025-01—2028-06	28 337.02

数据来源：作者自行计算整理。

3. 折现率

通过前面对《铠甲勇士》衍生品未来收益的预测和收益期限的分析，我们可以看到，《铠甲勇士》影视类文创IP衍生品的销售收入不仅受自身因素的影响，而且与企业的品牌、产业链的营销模式和整个行业的发展等息息相关。由于企业中单一资产难以预测，经过前面的分析，本书对《铠甲勇士》影视类文创IP的折现率（R）采取资本资产定价模型确定，公式为：

$$R = R_f + \beta \times (R_m - R_f) + \varepsilon \quad (4.10)$$

式中，R_f为无风险收益率；β为预期市场风险系数；R_m为市场期望回报率；ε为风险调整系数。

首先，确定无风险收益率（R_f）。由于《铠甲勇士》影视类文创IP播放周期长，电影和电视剧系列较多，因此本书在确定无风险报酬率时，选取了十年期的国债利率。通过查阅相关资料，确定最后的国债利率为2.82%。

其次，确定市场期望回报率（R_m）和预期市场风险系数（β）。通过对华策影视、光线传媒、湖北广电、中国电影等17家具有代表性的影视公司

2022年中期的投入回报率均值进行计算，得到市场期望回报率约为3.45%。同时从wind数据库查询得到影视行业2022年的预期市场风险系数β为0.8903。

最后，确定风险调整系数（ε）。考虑到可能产生的个体风险，并根据公开资料了解到评估案例，可知风险系数一般在0%和4%之间。然而由于近几年各大动漫的兴起，影视类文创IP的竞争也更加激烈，相关衍生品的出售也会受到影响，综合考虑，将个别风险系数调为3%。则：

$$R = 2.82\% + 0.8903 \times (3.45\% - 2.82\%) + 3\% = 6.38\% \qquad (4.11)$$

因本案例评估对未来收益的预测是以每3个月为一周期，故折现率R需转换为对应的季度利率（r）。最终测得季度利率为：

$$r = (1 + 6.38\%)^{\frac{1}{4}} - 1 = 1.56\% \qquad (4.12)$$

（五）分成率分析

经过前面的分析可知，影视类文创IP的价值主要是由直接衍生品和间接衍生品创造出来的。本次具体的收入划分情况如图4-5所示。

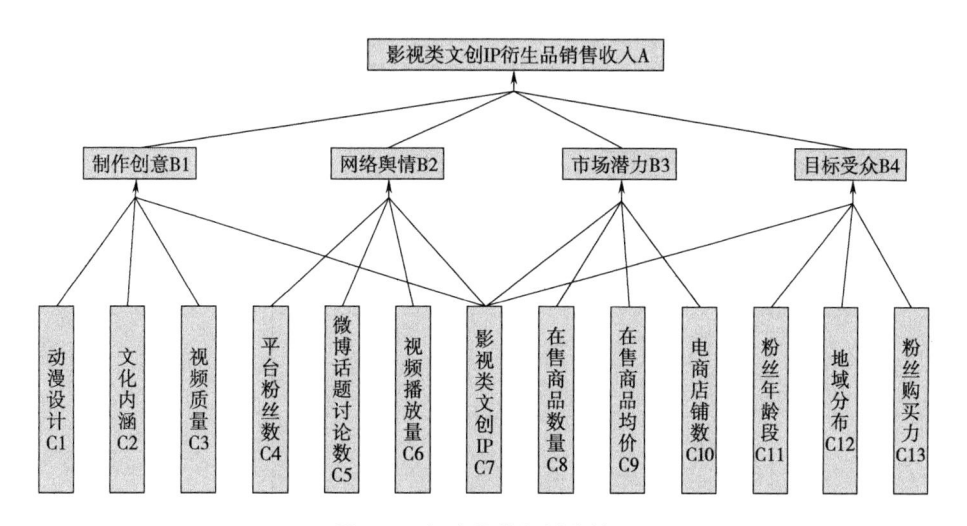

图4-5 衍生品收入划分情况

图片来源：yaahp软件生成。

根据图4-5的层次分析结构，目标层为影视类文创IP衍生品的销售收入，用A表示；二层和三层依次用B和C表示，又称为"一级指标和二级指标"，一级指标中包括制作创意、网络舆情、市场潜力和目标受众四个要素，二级指标分别是动漫设计、文化内涵、视频质量、平台粉丝数、微博话题讨论数、视频播放量、影视类文创IP、在售商品数量、在售商品均价、电商店铺数、粉丝年龄段、地域分布、粉丝购买力等13个影响因素。本书根据专家打分法（主要是动漫行业资深从业人员和评估领域专家进行匿名打分）计算指标的重要程度，计算过程如表4-19所示。

已知，A表示影视类文创IP衍生品销售收入，B1表示制作创意，B2表示网络舆情，B3表示市场潜力，B4表示目标受众，ω表示各因素权重。

表4-19 对《铠甲勇士》动漫玩具收入分解——A-B分解

A	B1	B2	B3	B4	ω
B1	1	3	7	4	0.545 8
B2	1/3	1	3	5	0.272 8
B3	1/7	1/3	1	2	0.102 5
B4	1/4	1/5	1/2	1	0.078 9

表4-19是对矩阵进行列向量归一化和行向量归一化处理后的结果，通过计算，得到$\lambda_{max}=4.2226$，$CR=0.0834<0.1$，即通过一致性检验。

将方案层各元素两两相互比较，得出如表4-20至表4-23所示的结果。

已知，B1表示制作创意，C1表示动漫设计，C2表示文化内涵，C3表示视频质量，C7表示影视类文创IP。

表4-20 B1-C单排列

B1	C1	C2	C3	C7	ω
C1	1	3	2	5	0.467 7
C2	1/3	1	3	4	0.294 2
C3	1/2	1/3	1	2	0.159 8
C7	1/5	1/4	1/2	1	0.078 3

通过计算，得出$\lambda_{max}=4.2108$，$CR=0.0789<0.1$，即通过一致性检验。

已知，B2表示网络舆情因素，C4表示平台粉丝数，C5表示微博话题讨论数，C6表示视频播放量，C7表示影视类文创IP。

表 4-21　B2-C 单排列

B2	C4	C5	C6	C7	ω
C4	1	1/2	3	4	0.291 2
C5	2	1	6	5	0.509 8
C6	1/3	1/6	1	1/3	0.072 9
C7	1/4	1/5	3	1	0.126 1

通过计算，得出 λ_{max} = 4.197 4，CR = 0.073 9<0.1，即通过一致性检验。

已知，B3 表示市场潜力，C7 表示影视类文创 IP，C8 表示在售产品数量，C9 表示在售商品均价，C10 表示电商店铺数。

表 4-22　B3-C 单排列

B3	C7	C8	C9	C10	ω
C7	1	3	7	5	0.548 0
C8	1/3	1	5	4	0.280 8
C9	1/7	1/5	1	1/3	0.056 2
C10	1/5	1/4	3	1	0.114 9

通过计算，得出 λ_{max} = 4.174 4，CR = 0.065 3<0.1，即通过一致性检验。

已知，B4 表示目标受众因素，C7 表示影视类文创 IP，C11 表示粉丝年龄段，C12 表示地域分布，C13 表示粉丝购买力。

表 4-23　B4-C 单排列

B4	C7	C11	C12	C13	ω
C7	1	1/2	3	2	0.249 6
C11	2	1	7	5	0.548 7
C12	1/3	1/7	1	1/2	0.075 1
C13	1/2	1/5	2	1	0.127 6

通过计算，得出 λ_{max} = 4.017 8，CR = 0.006 7<0.1，即通过一致性检验。

根据上述计算可得出《铠甲勇士》影视类文创 IP 占《铠甲勇士》衍生品

销售收入权重，具体权重如表4-24所示。

表4-24 C7影视类文创IP在各准则层中的权重

ω	B1	B2	B3	B4
C7	0.0783	0.1261	0.5480	0.2496

所以，《铠甲勇士》影视类文创IP占《铠甲勇士》影视类文创IP衍生品销售收入权重计算为：

$$\omega_i = 0.0783 \times 0.5458 + 0.2728 \times 0.1261 + 0.1025 \times 0.5480 + 0.0789 \times 0.2496 = 0.1530$$
(4.13)

（六）《铠甲勇士》影视类文创IP价值评估结果

经过上述分析，在评估基准日（即2022年6月30日），可以得到《铠甲勇士》影视类文创IP衍生品收入的估值：

$$\begin{aligned} V &= \left[\sum_{t=1}^{n} \frac{FCFF_t}{(1+r)^t} + \frac{FCFF_n}{(1+r)^{10}} (P/A, r, n-10) \right] \times \omega_i \\ &= \left[\frac{1\,761.96}{1+1.56\%} + \frac{1\,781.84}{(1+1.56\%)^2} + \frac{1\,803.75}{(1+1.56\%)^3} + \frac{1\,827.52}{(1+1.56\%)^4} + \right. \\ &\quad \frac{1\,853.68}{(1+1.56\%)^5} + \frac{1\,882.14}{(1+1.56\%)^6} + \frac{1\,913.14}{(1+1.56\%)^7} + \frac{1\,946.70}{(1+1.56\%)^8} + \\ &\quad \left. \frac{1\,983.74}{(1+1.56\%)^9} + \frac{2\,024.07}{(1+1.56\%)^{10}} + \frac{2\,024.07}{(1+1.56\%)^{10}} \times (P/A, 1.56\%, 14) \right] \times \\ &\quad 0.1530 \\ &= 5\,961.81 (\text{万元}) \end{aligned}$$
(4.14)

案例《铠甲勇士》影视类文创IP价值为5 961.81万元。

三、本章小结

本章选取了两个案例——《大闹天宫》和《铠甲勇士》，并对《大闹天宫》和《铠甲勇士》采用了上章构建的影视类文创IP价值评估模型进行估算。首先，本书从原仓IP数据获取了《大闹天宫》和《铠甲勇士》的衍生品收益情况、粉丝情况以及平台情况。其次，在收益额预测方面，将《大闹天宫》和《铠甲勇士》的数据带入影视类文创IP衍生品收益模型，获得《大闹天宫》和《铠甲勇士》的未来衍生品收益,并且通过层次分析法提取出《大闹天宫》和《铠甲勇士》的未来收益。在折现率方面,影视类文创 IP 的收入不仅受自身因素的影响,而且与企业的品牌、产业链的营销模式和整个行业的发展等息息相关,故本章选取股权资本成本作为文创 IP 的折现率。在收益期方面,《铠甲勇士》IP 的收益期为 6 年,前 2 年为高速增长期,后 4 年为稳定期;《大闹天宫》IP 的收益期为 5 年,前 2.5 年为高速增长期,后 2.5 年为稳定期。最后,本章得到《大闹天宫》IP 的价值为 8 171.27 万元,《铠甲勇士》影视类文创 IP 价值为 5 961.81 万元。

第五章 游戏类文创 IP 价值评估案例分析

此部分本书选取《王者荣耀》和《原神》两个文创 IP 进行案例分析，将通过对《王者荣耀》和《原神》两个游戏类文创 IP 案例进行剖析、计算以及应用，验证第三章中提出的游戏类文创 IP 价值预测模型的合理性，期望为资产评估师评估游戏类文创 IP 价值提供帮助。

一、《王者荣耀》IP 价值评估案例分析

（一）腾讯游戏平台介绍

腾讯游戏成立于 2003 年，是全球领先的游戏研发企业和运营商，属于腾讯集团旗下的六大事业群之一，同时也是"超级数字场景"理念的倡导者和实践者。目前，腾讯游戏平台旗下有天美工作室群、光子工作室群、魔方工作室群和北极光工作室群共 4 个自研工作室群，分别研发包括《王者荣耀》《和平精英》《洛克王国》《天涯明月刀》等多款精品游戏。下面对这 4 个自研工作室群简单介绍。

天美工作室群（以下简称"天美"）是腾讯游戏旗下的游戏研运团队。自 2008 年成立以来，天美持续推出多款热门产品，涵盖 MOBA、RPG、射击、竞速、策略、休闲等多个品类，有着丰富的跨平台研发经验。工作室旗下拥有多款知名游戏，如《王者荣耀》、《QQ 飞车》、《穿越火线》、《枪战王者》、《使命召唤》手游、Arena of Valor（王者荣耀国际版）以及《天天爱消除》等，为全球亿万用户提供娱乐游戏体验。

光子工作室群（以下简称"光子"）是全球知名的游戏研发团队，自 2008 年在深圳市成立以来，光子以强大的游戏研发实力、广阔的产品线为基础，在 IP 衍生、电竞生态、社会责任等领域积极拓展，持续深耕游戏技术和

美术核心能力，在中国、美国、新加坡、加拿大、英国、法国、日本、韩国、新西兰、阿联酋等多个国家和地区研发布局，不断探索游戏的无限可能。

魔方工作室群（以下简称"魔方"）成立于2010年，工作室群下设魔术师、魔镜、魔王三大工作室，其中，魔术师工作室由火影忍者手游、独立防线、大勇士等多个项目组构成，目前主攻手游，覆盖动作游戏、射击类游戏等多个游戏品类。工作室曾成功自主研发卡牌游戏《全民水浒》和模拟经营游戏《全民农场》。魔镜工作室最为出名的几款游戏，分别为经营类游戏《全民农场》《QQ农场》，竞技类游戏《疯狂联盟》，格斗类游戏《Q宠大乐斗》。魔王工作室下设M1和M2两个产品中心，分别位于北京和深圳，专注于精品网页游戏和手游的研发与运营。仙剑奇侠传官方手游以及《火影忍者ONLINE》《QQ水浒》《QQ宠物》《脑力达人》《QQ御剑天涯》等多款知名产品均来自此工作室。

北极光工作室群（以下简称"北极光"）于2007年底在上海成立，是腾讯游戏最早成立的自主研发大型工作室之一。虽然其影响力、实力和规模都远不及天美、光子和魔方三个工作室群，但员工大都是年轻精英，一线员工来自育碧、Epic等国际游戏大厂，下辖A1工作室、A2工作室、A3工作室三大研发工作室，并拥有自主研发游戏引擎QuicksilverX。

无论在端游或是手游领域，腾讯游戏平台都处于不可撼动的行业领军地位，同时也拥有较多的游戏文创项目。例如，2022年的《天涯明月刀》与福建永定土楼的战略合作，借助"天刀"数字IP活化土楼、打造标杆性文旅项目，同时以线上实景重塑加线下实地修缮的方式对土楼进行活化保护。再如，2021年《王者荣耀》与中国艺术研究院的数字文创合作，在研究院的指导下，《王者荣耀》推出了周年庆限定文创皮肤，利用王者IP及数字化能力，服务古琴艺术及文化的创新传承。

（二）《王者荣耀》游戏介绍

《王者荣耀》是天美研发的一款多人在线战术竞技类（MOBA）国产手机游戏，于2015年11月26日在安卓和IOS平台正式上线公测。游戏曾经使用名称有《英雄战迹》《王者联盟》。《王者荣耀》的欧美版本为《传说对决》（Arena Of Valor）。游戏的玩家数可以为2~10人，游戏画面为3D。

在游戏中，玩家可以选择拥有不同技能的各种游戏角色（截至2022年8

月，《王者荣耀》共有 105 位英雄角色），分为两组进行多人对战，率先攻破对方基地的队伍获得胜利。每个游戏角色的技能不同，使得每次对战的阵容也不同，加之每次对战匹配的是不同的玩家，故每场对战都可以看作一次全新的游戏体验。此外，每个游戏角色都有不同的游戏皮肤（截至 2022 年 6 月，共有 420 个皮肤）可以购买，游戏皮肤可以提升游戏角色的战斗力，这也是《王者荣耀》用户留存率高的原因之一。

《王者荣耀》世界冠军杯是王者荣耀最高级别的比赛，只有在各职业赛事中表现出色的队伍才有资格参赛，代表《王者荣耀》的最高竞技水平。首届《王者荣耀》世界冠军杯于 2019 年在韩国首尔举行。之后，每年举办的《王者荣耀》世界冠军杯吸引海内外很多观众，也给《王者荣耀》游戏带了人气。

(三)《王者荣耀》游戏类文创 IP 收入来源介绍

1. 游戏充值收入

《王者荣耀》游戏有金币、钻石和点券三类虚拟货币，玩家可以在游戏内进行充值消费。其中，金币和钻石主要可以用于购买游戏角色，点券则用于购买游戏角色的各种皮肤，以给英雄进行技能加成，使得玩家获得更好的游戏体验。各个英雄单个皮肤的价格在 28.8~168.8 元，每个英雄都配有多款精美皮肤。在三类虚拟货币中，点券只能用现实世界中的金钱进行充值，这也是《王者荣耀》游戏类文创 IP 游戏充值收入的主要来源。

值得一提的是，在设计游戏角色的皮肤时，《王者荣耀》曾与不同的文创 IP 进行联动。在 2015 年与《大话西游》影视类文创 IP 联名合作推出露娜-紫霞仙子以及孙悟空-至尊宝两款联动皮肤，此项合作促使露娜和孙悟空两个游戏角色的出场率大幅提升；在 2018 年初，《王者荣耀》曾与敦煌研究院进行合作，陆续推出了杨玉环-遇见飞天、瑶-遇见神鹿和貂蝉-遇见胡璇三款"遇见"系列皮肤，这些皮肤在《王者荣耀》上百种游戏角色皮肤中穿戴率均在前列。《王者荣耀》在构建自己的 IP 体系过程中，充分展现了其对 IP 文化价值的重视。

2. 衍生品销售收入

《王者荣耀》游戏类文创 IP 衍生品主要是围绕各个游戏角色推出的 Q 版手办等实体周边以及品牌联名商品。《王者荣耀》在 2019 年曾与彩妆品牌完美日记、MAC 等打造联名口红和眼影；2022 年与泡泡玛特合作上线以《王者荣耀》游戏英雄为依托的盲盒产品，该系列衍生品在上线之初便在全网掀起了抢购热潮；2022年和珠宝品牌IDO打造《王者荣耀》定制款黄金饰品和钻戒等。

可以看到，近年来《王者荣耀》以联名、授权等方式在美妆、食品、日用品领域与快消品牌合作生产IP衍生品。《王者荣耀》与上述品牌的用户有一定的差异性，通过与多种品牌跨界合作的方式创造了自身IP渗透的有效渠道，在进一步扩大用户触及范围的同时也为玩家提供了丰富的互动场景。此外，与知名品牌联动合作也是其IP影响力的一种体现。

3. 动画短片收入

在游戏版本更新之际，同步推出针对新的游戏角色或剧情主线的动画短片，进一步实现游戏角色塑造与情感传递。围绕游戏内英雄角色制作动画番剧，与IP粉丝建立起情感连接，加强用户黏性。

4. 综艺节目收入

腾讯集团以文化传播为切口，制作了几档《王者荣耀》游戏类文创IP的衍生节目。节目包括：向观众讲解游戏中涉及的英雄角色背后的历史文化故事脱口秀节目《王者历史课》，邀请娱乐明星实时进行游戏对战的电竞综艺《战至巅峰》，等等。通过娱乐明星的粉丝效应带动《王者荣耀》用户扩增，打通IP变现的又一渠道。

5. 电竞比赛收入

《王者荣耀》作为我国现象级手机游戏，除了带动自身企业的快速发展以外，也加快了电竞产业的发展。2016年9月开始《王者荣耀》职业联赛。由于《王者荣耀》玩家基数巨大，其电竞比赛的观众数量也较大。比赛转播、赞助商赞助收入、比赛现场门票都为《王者荣耀》带来了较为可观的收入。

（四）改进文创IP价值评估方法在《王者荣耀》游戏类文创IP中的应用

1. 收益期

无形资产的收益期限通常根据其法定寿命和剩余经济寿命孰短加以判断确定，《王者荣耀》游戏类文创IP获取收益的期限与其本身游戏的运营期限息息相关。作为手游行业的霸主，《王者荣耀》无论在运营还是营销推广方面都形成了成熟稳定的模式，活跃用户数能够维持在一个比较稳定的状态。本书根据其游戏产品生命周期来估测《王者荣耀》游戏类文创 IP 生命周期及后续收益期。

《王者荣耀》于 2015 年正式上线公测，目前仍保有大量活跃用户，展现其顽强的生命力。《王者荣耀》作为一款多人在线竞技的手游，能否维持正常运营取决于游戏活跃用户数。根据 QuestMobile（北京贵士信息科技有限公司）各年发布的《中国移动互联网大报告》，可以看到《王者荣耀》近年来 MAU（月活跃用户数）的变化，了解其大致的生命周期。《王者荣耀》的 MAU 呈现出比较明显的季节性规律，峰值时段往往出现在每年的寒暑假。QuestMobile 发布的《2022 手机游戏行业洞察报告》显示，截至 2022 年 3 月，《王者荣耀》MAU 为 1.45 亿，虽然整体有所减少，但仍保有手机游戏中的霸主地位，具体情况见图 5-1。

中国移动互联网游戏行业 TOP20 App 用户发展史
2018-01—2022-03
QUEST MOBILE
单位：万

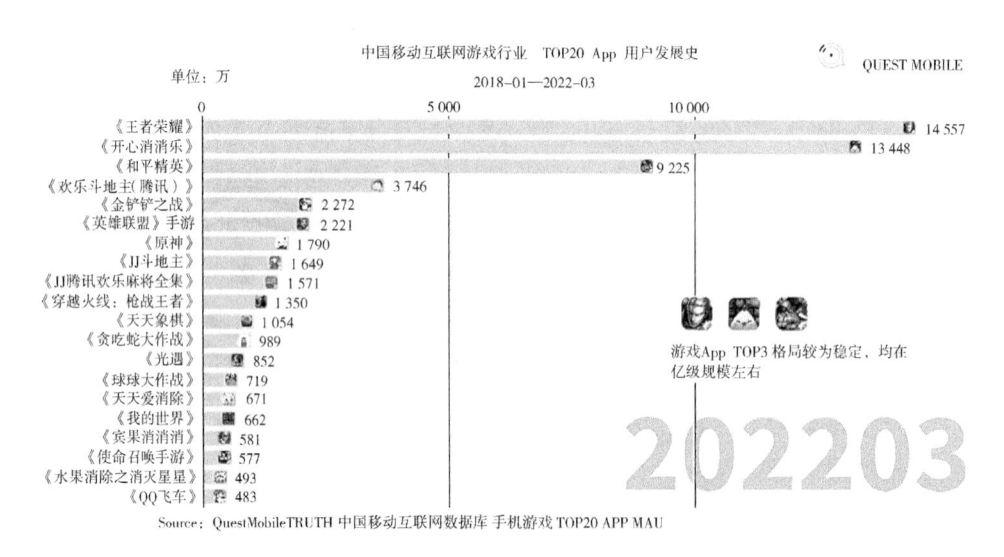

游戏	MAU
《王者荣耀》	14 557
《开心消消乐》	13 448
和平精英	9 225
《欢乐斗地主（腾讯）》	3 746
《金铲铲之战》	2 272
《英雄联盟》手游	2 221
《原神》	1 790
《JJ斗地主》	1 649
《JJ腾讯欢乐麻将全集》	1 571
《穿越火线：枪战王者》	1 350
《天天象棋》	1 054
《贪吃蛇大作战》	989
《光遇》	852
《球球大作战》	719
《天天爱消除》	671
《我的世界》	662
《宾果消消消》	581
《使命召唤手游》	577
《水果消除之消灭星星》	493
《QQ飞车》	483

游戏 App TOP3 格局较为稳定，均在亿级规模左右

Source：QuestMobileTRUTH 中国移动互联网数据库 手机游戏 TOP20 APP MAU

图 5-1 中国移动互联网游戏行业 MAU 发展情况

图片来源：QuestMobile。

《王者荣耀》已有稳定的用户，但新用户数增长趋缓。《王者荣耀》吸引玩家的方式主要是不断推出新玩法和游戏角色的新皮肤，随着时间的推移，原有玩家可能会逐渐呈现出疲态，玩家上线率不断降低。加之《英雄联盟》《原神》等新兴手游的不断发展，部分《王者荣耀》用户也会发生迁移。基于近年来《王者荣耀》MAU 的变化情况，本书认为《王者荣耀》的剩余经济寿命还有 6 年，现在处于衍生品收益变化较大的阶段，预计 2.5 年后未来收

益将达到稳定状态。

2. 未来预期收益

《王者荣耀》游戏类文创 IP 的收益主要来源于游戏内虚拟商品的充值收入以及 IP 衍生品的销售收入。鉴于动画短片、综艺节目和电竞比赛等部分的收益来源途径有限，考虑到 IP 收入的占比以及与 IP 本身的关联度，本书对未来预期收益的预测仅涉及游戏内虚拟商品的充值收入以及 IP 衍生品的销售收入。对于虚拟商品的充值收入，本书采用七麦数据统计的《王者荣耀》各月流水进行预测。因我国目前暂未公布安卓系统的流水，本书参照游戏行业的惯例，以 iOS 平台数据的 2 倍作为安卓平台的数据。

结合手工收集的原仓 IP 历史数据进行变量的未来预测，将预测结果代入本书建立的未来收益预测模型中以确定未来预期收益。具体预测方法是：成长期先计算历史数据的平均增速，以 2022 年 6 月 30 日的数据为基准数据，分别乘上计算出的平均增速对各变量做预测；而进入成熟期后销售收入达到相对稳定的状态，以 2024 年 12 月的销售收入作为稳定值计算。

（1）《王者荣耀》游戏类文创 IP 相关历史数据分析。《王者荣耀》游戏类文创 IP 相关历史数据如表 5-1 所示。

表 5-1　《王者荣耀》游戏类文创 IP 历史数据

时　点	2020-09	2020-12	2021-03	2021-06	2021-09	2021-12	2022-03	2022-06	平均增速（%）
微博粉丝数（万）	1 109.60	1 154.12	1 270.99	1 325.19	1 384.56	1 447.70	1 569.80	1 587.20	5.28
话题曝光度（亿）	743.01	5 964.36	51 704.38	305.84	994.91	0.11	1 160.81	1 224.90	156 597.81
在售商品类目数（个）	2 379	3 383	5 439	5 844	3 361	143	51	49	13.72
类目均价（元）	103.51	97.67	195.23	117.32	94.42	90.00	146.02	149.04	13.49
电商店铺数（个）	951	1 408	2 361	2 466	1 329	15	1 721	1 656	1 620.68

续表

时点	2020-09	2020-12	2021-03	2021-06	2021-09	2021-12	2022-03	2022-06	平均增速（%）
播放量（万）	5 139.29	17 121.56	18 006.32	18 252.37	5 708.58	13 000.00	15 395.05	20 095.65	49.66

数据来源：原仓IP数据库。

注：本表所收集历史数据中类目均价、在售商品类目数、电商店铺数为当月更新的统计数，其余数据均为持续累计更新的时点数。

从收集到的历史数据来看，《王者荣耀》游戏类文创IP的话题讨论数、话题曝光度、在售商品类目数以及电商店铺数都分别在某段时间内出现较大波动，而后恢复正常。考虑到游戏类文创IP与互联网相互依存，且受特殊事件影响较大，其短期内呈现出的状态更具有参考价值。故本书在测算平均增速时剔除掉异常数据后进行相应预测。参考在原仓IP数据库中所收集的多个同类IP数据的平均增速，本书对话题曝光度的平均增速取35%，对在售商品类目数的平均增速取15%，对电商店铺数的平均增速取25%，对未来数据基于此进行预测。

（2）《王者荣耀》游戏类文创IP相关未来数据预测。《王者荣耀》游戏类文创IP相关未来数据预测情况如表5-2所示。

表5-2 《王者荣耀》游戏类文创IP未来数据预测

时点	2022-09	2022-12	2023-03	2023-06	2023-09
微博粉丝数（万）	1 671.00	1 759.23	1 852.12	1 949.91	2 052.87
话题曝光度（亿）	1 653.62	2 232.38	3 013.71	4 068.51	5 492.49
在售商品类目数（个）	56	65	75	86	99
类目均价（元）	169.15	191.97	217.88	247.27	280.64
电商店铺数（个）	2 070	2 588	3 234	4 043	5 054
播放量（量）	30 075.85	45 012.57	67 367.39	100 824.38	150 897.29
时点	2 023-12	2 024-03	2 024-06	2 024-09	2 024-12
微博粉丝数（万）	2 161.26	2 275.37	2 395.51	2 522.00	2 656.16
话题曝光度（亿）	7 414.86	10 010.07	13 513.59	18 243.35	24 628.52

续表

时　点	2022-09	2022-12	2023-03	2023-06	2023-09
在售商品类目数（个）	113	130	150	172	198
类目均价（元）	318.51	361.48	410.26	465.61	528.44
电商店铺数（个）	6 317	7 896	9 871	12 338	15 423
播放量（万）	225 838.16	337 997.29	505 858.55	757 085.57	1 133 080.72

数据来源：作者自行计算整理。

（3）《王者荣耀》游戏类文创IP衍生品销售收入的预测。将上述测算出的相关未来数据代入到本书第三章建立的未来收益预测模型中，得到《王者荣耀》游戏类文创IP衍生品的未来销售收入。预测频率为3个月一次，以基准预测时点数据作为3个月的平均值，故将各基准预测时点的销售收入分别乘上三倍后加总可得到总额。其中，《王者荣耀》游戏类文创IP粉丝地域分布取值为1；粉丝男女比例取值为1；粉丝属性取值为3；文创IP年龄取值以评估基准日的取值7为基准，每预测一次增加0.25。未来2.5年后的成熟期数据以2024年10—12月这一时段的数据为基准，保持稳定值。

具体计算结果见表5-3。

$$IPSales = -59.796 + 0.202 Fannum - 613.296 Fanlocal - 337.195 Fangender - \\ 101.465 Fanquality + 0.461 age + 41.065 local + 188.903 \ln Topic exposure + \\ 0.126 Goodsnum + 0.194 Goodprice + 0.083 Shopnum + \\ 65.282 \ln Playbackvolume + \varepsilon \tag{5.1}$$

表5-3　王者荣耀游戏类文创IP衍生品的
未来销售收入　　　　　（单位：万元）

时　段	IPSales
2022-06—2022-09	537.59
2022-10—2022-12	844.55
2023-01—2023-03	1 188.82
2023-04—2023-06	1 578.91
2023-07—2023-09	2 025.41
2023-10—2023-12	2 541.48

续表

时　段	IPSales
2024-01—2024-03	3 143.47
2024-04—2024-06	3 851.76
2024-07—2024-09	4 691.72
2024-10—2024-12	5 694.96
2025-01—2028-06	79 729.45

数据来源：作者自行计算整理。

（4）《王者荣耀》游戏类文创IP未来虚拟商品充值流水的预测。通过对七麦数据网站公布的《王者荣耀》游戏虚拟货币历史充值流水数据进行分析，得到虚拟商品充值流水的平均增速，进而预测未来2.5年内的充值流水收入。需要说明的是，目前我国只能收集到iOS平台的充值流水数据，故对于安卓平台的数据，本书仅能通过两个平台用户的数量情况对比获得，游戏界通常将安卓平台的充值流水看作iOS平台的两倍。本书对于游戏虚拟商品的流水预测也按照安卓用户是iOS用户的两倍进行处理。具体流水数据见表5-4。

表5-4　《王者荣耀》游戏类文创IP虚拟商品充值
流水历史数据　　　　　（单位：万元）

时　段	游戏充值流水
2020-09—2020-12	485 785.10
2021-01—2021-03	660 269.66
2021-04—2021-06	678 743.49
2021-07—2021-09	603 345.64
2021-10—2021-12	520 258.82
2022-01—2022-03	660 269.66
2022-04—2022-06	673 278.40

数据来源：七麦数据库。

经计算，《王者荣耀》游戏类文创IP虚拟商品充值流水在2020年9月—2022年6月的平均增速为7.12%，本书以此作为增长率预测未来2.5年的流水收入。具体预测数据见表5-5。

表 5-5 《王者荣耀》游戏类文创 IP 虚拟商品充值
流水未来数据　　　　　　　（单位：万元）

时　段	游戏充值流水
2022-06—2022-09	721 214.14
2022-10—2022-12	772 562.79
2023-01—2023-03	827 567.33
2023-04—2023-06	886 488.05
2023-07—2023-09	949 603.78
2023-10—2023-12	1 017 213.20
2024-01—2024-03	1 089 636.24
2024-04—2024-06	1 167 215.61
2024-07—2024-09	1 250 318.45
2024-10—2024-12	1 339 337.99
2025-01—2028-06	18 750 731.924 9

数据来源：作者自行计算整理。

（5）《王者荣耀》游戏类文创 IP 未来销售收入预测。将前面测算的衍生品销售收入与虚拟商品充值流水加总得到《王者荣耀》游戏类文创 IP 未来销售收入，具体数据见表 5-6。

表 5-6 《王者荣耀》游戏类文创 IP 未来
销售收入预测　　　　　　　（单位：万元）

时　段	销售收入
2022-06—2022-09	721 751.73
2022-10—2022-12	773 407.34
2023-01—2023-03	828 756.14
2023-04—2023-06	888 066.96
2023-07—2023-09	951 629.20
2023-10—2023-12	1 019 754.67
2024-01—2024-03	1 092 779.70

续表

时 段	销售收入
2024-04—2024-06	1 171 067.37
2024-07—2024-09	1 255 010.17
2024-10—2024-12	1 345 032.96
2025-01—2028-06	18 830 461.38

数据来源：作者自行计算整理。

3. 折现率

折现率采用资本资产定价模型（CAPM）计算确定。主要原因在于《王者荣耀》所属腾讯集团拥有丰富的业务线，而游戏只是其中一部分，因此，采用资本资产定价模型计算不能直接用腾讯集团的资本结构，故考虑用资本资产定价模型确定《王者荣耀》游戏类文创IP价值的折现率。具体计算公式如下：

$$r = r_f + (r_m - r_f) \times \beta \quad (5.2)$$

其中，对于市场期望报酬率 r_m 的确定和 β 系数的确定均采用可比公司的相关数据计算。选取以游戏为主营业务的3家上市公司作为可比公司，具体选取情况见表5-7。

表5-7 可比公司选取情况

公司名称	证券代码	公司简介
三七互娱	002555	三七互娱业务涵盖全球游戏研发与发行、素质教育。旗下拥有知名的游戏研发品牌三七游戏，专业的游戏运营品牌37网游、37手游、37GAMES，以及优质素质教育品牌妙小程。公司成立于1995年，2011年在深交所A股上市
完美世界	002624	完美世界游戏公司作为全球化的游戏开发商、发行商、运营商，在端游、手游、主机游戏、VR游戏以及云游戏等多个领域进行布局。旗下游戏包括《诛仙世界》《笑傲江湖》等端游以及《梦幻新诛仙》《幻塔》等手游。公司成立于2004年，2011年在深交所A股上市
冰川网络	300533	冰川网络是国内知名的游戏企业，旗下已拥有多款端游、手游产品，尤其在MMORPG、放置卡牌品类领域积累了深厚的研发和运营经验。公司成立于2008年，2016年在深交所A股上市

数据来源：网络公开资料。

(1) 无风险收益率 r_f 的确定。结合我国游戏类文创 IP 的平均收益期,将 10 年期的国债到期收益率作为无风险收益率 r_f。经查询得,无风险收益率 r_f 为 2.82%。

(2) 行业平均收益率 r_m 的确定。将以游戏为主营业务的 3 家上市公司的平均 ROE 作为行业平均收益率 r_m,具体数据见表 5-8。

表 5-8 可比公司 ROE

证券代码	可比公司	ROE（%）
002555	三七互娱	14.72
002624	完美世界	10.98
300533	冰川网络	16.67

数据来源：由同花顺 iFinD 软件生成。

计算可得行业平均收益率 r_m 为 14.12%。

(3) β 系数的确定。结合前面所述,游戏仅为腾讯集团业务线的一部分,故本书对 β 系数的取值采用可比公司法确定。选取以游戏为主营业务的 3 家上市公司,预期市场风险系数用同花顺 iFinD 数据库中 β 值计算器对腾讯集团 2021 年 6 月 30 日至 2022 年 6 月 30 日的日收益率和沪深 300 指数 2021 年 6 月 30 日至 2022 年 6 月 30 日的日收益率进行回归,计算结果见表 5-9。

表 5-9 可比公司 β 系数表

可比公司	β
三七互娱	1.106 2
完美世界	1.183 0
冰川网络	0.652 3
平均值	0.980 5

数据来源：由同花顺 iFinD 软件生成。

最终得到 β 系数为 0.980 5。

(4)《王者荣耀》游戏类文创 IP 折现率测算。将上述计算结果代入资本资产定价模型中得到《王者荣耀》游戏类文创 IP 的折现率:

$$r = r_f + (r_m - r_f) \times \beta = 2.82\% + (14.12\% - 2.82\%) \times 0.980\,5 = 13.90\% \tag{5.3}$$

因本案例评估对未来收益的预测以三个月为一个周期，故折现率需转换为对应的季度利率。最终测得季度利率：

$$r = (1 + 13.90\%)^{0.25} - 1 = 3.307\,3\% \tag{5.4}$$

（五）分成率

采用层次分析法测算 IP 价值所占 IP 衍生品销售收入的比重，即 IP 分成率。

目标层为影响《王者荣耀》IP 衍生品销售收入的评估体系，用 A 表示；第二层和第三层分别对应一级指标和二级指标，用 B 和 C 表示。其中，一级指标包括制作创意、网络舆情、市场潜力以及目标受众，分别下设几个二级指标，具体评估体系如图 5-2 所示。

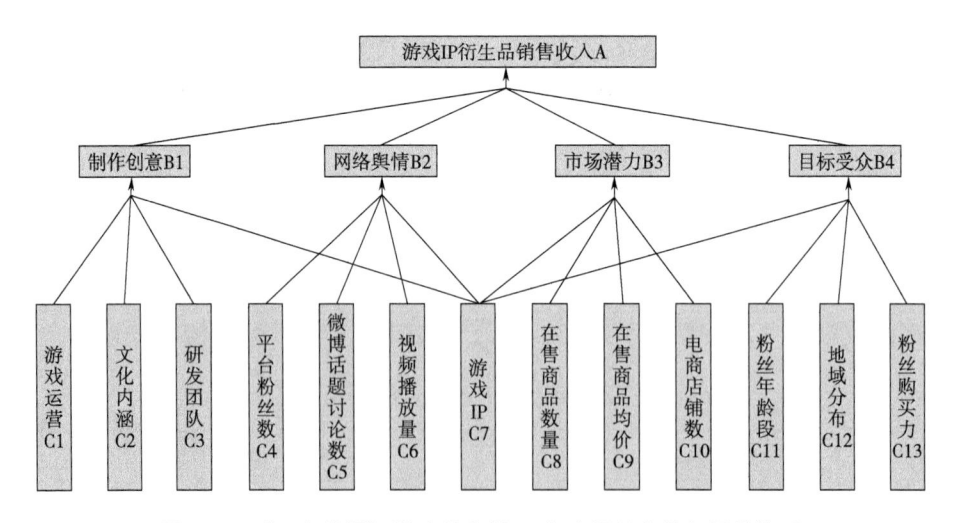

图 5-2　《王者荣耀》游戏类文创 IP 衍生品销售收入评估体系

图片来源：yaahp 软件生成。

采用专家打分法确定各指标的相对重要程度来构建判断矩阵，最终得到的判断矩阵计算结果如下。

1. 构造制作创意因素的判断矩阵

已知 C1 表示游戏运营，C2 表示文化内涵，C3 表示研发团队，C7 表示游戏 IP。构造判断矩阵如表 5-10 所示。

表 5-10 制作创意因素判断矩阵

B1	C1	C2	C3	C7	ω
C1	1.000 0	0.333 3	0.250 0	3.000 0	0.128 9
C2	3.000 0	1.000 0	0.200 0	5.000 0	0.237 8
C3	4.000 0	5.000 0	1.000 0	7.000 0	0.577 7
C7	0.333 3	0.200 0	0.142 9	1.000 0	0.055 7

使用 yaahp 软件对特征向量进行归一化处理后得到计算结果如下：

最大特征值 λ_{max} = 4.261 8，CR = 0.098 1<0.1，该判断矩阵通过一致性检验。

2. 构造网络舆情因素的判断矩阵

已知，C4 表示平台粉丝数，C5 表示微博话题讨论数，C6 表示视频播放量，C7 表示游戏 IP。构造判断矩阵如表 5-11 所示。

表 5-11 网络舆情因素判断矩阵

B2	C4	C5	C6	C7	ω
C4	1.000 0	5.000 0	6.000 0	5.000 0	0.593 5
C5	0.200 0	1.000 0	2.000 0	0.250 0	0.106 9
C6	0.166 7	0.500 0	1.000 0	0.333 3	0.072 0
C7	0.200 0	4.000 0	3.000 0	1.000 0	0.227 6

使用 yaahp 软件对特征向量进行归一化处理后得到计算结果如下：

最大特征值 λ_{max} = 4.263 7，CR = 0.098 8<0.1，该判断矩阵通过一致性检验。

3. 构造市场潜力因素的判断矩阵

已知，C7 表示 IP，C8 表示在售商品数量，C9 表示在售商品均价，C10 表示电商店铺数。构造判断矩阵如表 5-12 所示。

表 5-12 市场潜力因素判断矩阵

B3	C7	C8	C9	C10	ω
C7	1.000 0	7.000 0	5.000 0	2.000 0	0.535 7

续表

B3	C7	C8	C9	C10	ω
C8	0.142 9	1.000 0	0.333 3	0.250 0	0.062 7
C9	0.200 0	3.000 0	1.000 0	0.500 0	0.140 5
C10	0.500 0	4.000 0	2.000 0	1.000 0	0.261 2

使用 yaahp 软件对特征向量进行归一化处理后得到计算结果如下：

最大特征值 $\lambda_{max} = 4.051\ 8$，$CR = 0.019\ 4 < 0.1$，该判断矩阵通过一致性检验。

4. 构造目标受众因素的判断矩阵

已知，C7 表示游戏 IP，C11 表示粉丝年龄段，C12 表示地域分布，C13 表示粉丝购买力。构造判断矩阵如表 5-13 所示。

表 5-13　目标受众因素判断矩阵

B3	C7	C11	C12	C13	ω
C7	1.000 0	3.000 0	7.000 0	3.000 0	0.501 1
C11	0.333 3	1.000 0	5.000 0	0.333 3	0.165 1
C12	0.142 9	0.200 0	1.000 0	0.166 7	0.049 1
C13	0.333 3	3.000 0	6.000 0	1.000 0	0.284 7

使用 yaahp 软件对特征向量进行归一化处理后得到计算结果如下：

最大特征值 $\lambda_{max} = 4.227\ 6$，$CR = 0.085\ 2 < 0.1$，该判断矩阵通过一致性检验。

5. 构造《王者荣耀》游戏类文创 IP 衍生品销售收入评估体系判断矩阵

《王者荣耀》游戏类文创 IP 衍生品销售收入评估体系判断矩阵如表 5-14 所示。

表 5-14　《王者荣耀》游戏类文创 IP 衍生品销售收入评估体系判断矩阵

A	B1	B2	B3	B4	ω
B1	1.000 0	4.000 0	5.000 0	2.000 0	0.469 6
B2	0.250 0	1.000 0	3.000 0	0.250 0	0.130 5

续表

A	B1	B2	B3	B4	ω
B3	0.200 0	0.333 3	1.000 0	0.200 0	0.066 9
B4	0.500 0	4.000 0	5.000 0	1.000 0	0.333 0

使用 yaahp 软件对特征向量进行归一化处理后得到计算结果如下：

最大特征值 $\lambda_{max} = 4.161\ 1$，$CR = 0.060\ 3 < 0.1$，该判断矩阵通过一致性检验。

6. 《王者荣耀》游戏类文创 IP 衍生品销售收入评估体系综合权重

《王者荣耀》游戏类文创 IP 衍生品销售收入评估体系综合权重如表 5-15 所示。

表 5-15 《王者荣耀》游戏类文创 IP 衍生品销售收入评估体系综合权重

目标层	一级指标	一级指标权重	二级指标	二级指标权重	ω_i
《王者荣耀》游戏类文创 IP 衍生品销售收入评估体系	制作创意	0.469 6	游戏运营	0.128 9	0.060 5
			文化内涵	0.237 8	0.111 7
			研发团队	0.577 7	0.271 3
			IP	0.055 7	0.026 2
	网络舆情	0.130 5	平台粉丝数	0.593 5	0.060 7
			微博话题讨论量	0.106 9	0.014 0
			视频播放量	0.072 0	0.009 4
			IP	0.227 6	0.029 8
	市场潜力	0.066 9	IP	0.535 7	0.035 8
			在售商品数量	0.062 7	0.004 2
			在售商品均价	0.140 5	0.009 4
			电商店铺数	0.261 2	0.017 5
	目标受众	0.333 0	IP	0.501 1	0.166 9
			粉丝年龄段	0.165 1	0.055 0
			地域分布	0.049 1	0.016 3
			粉丝购买力	0.284 7	0.094 8

数据来源：yaahp 软件生成，作者自行整理。

将 IP 在各一级指标中的权重加总后最终得到在《王者荣耀》游戏类文创 IP 衍生品销售收入中 IP 所占权重为 25.87%。

(六)《王者荣耀》游戏类文创 IP 价值评估结果

将本书前面所求的相关参数代入公式中得到《王者荣耀》游戏类文创 IP 的价值。

$$V = \left[\sum_{i=1}^{n} \frac{R_i}{(1+r)^i} + \frac{R_n}{(1+r)^{10}}(P/A, r, n-10)\right] \times \omega_i$$

$$= \left[\frac{721\,751.73}{(1+3.307\,3\%)} + \frac{773\,407.34}{(1+3.307\,3\%)^2} + \frac{828\,756.14}{(1+3.307\,3\%)^3} + \frac{888\,066.96}{(1+3.307\,3\%)^4} + \frac{951\,629.20}{(1+3.307\,3\%)^5} + \frac{1\,019\,754.67}{(1+3.307\,3\%)^6} + \frac{1\,092\,779.70}{(1+3.307\,3\%)^7} + \frac{1\,171\,067.37}{(1+3.307\,3\%)^8} + \frac{1\,255\,010.17}{(1+3.307\,3\%)^9} + \frac{1\,345\,032.96}{(1+3.307\,3\%)^{10}} + \frac{1\,345\,032.96}{(1+3.307\,3\%)^{10}} \times 10.935\,2\right] \times 25.87\%$$

$$= 4\,891\,026.45(万元) \tag{5.5}$$

因此,案例《王者荣耀》游戏类文创 IP 价值为 4 891 026.45 万元。

二、《原神》IP 价值评估案例分析

(一)米哈游科技(上海)有限公司简介

米哈游科技(上海)有限公司(以下简称"米哈游公司")于 2014 年 7 月 9 日在嘉定区市场监管局登记成立。公司目前坐落于上海市徐汇区,母公司为上海米哈游网络科技股份有限公司,属于软件和信息技术服务业。公司早期主营业务为手机及平板电脑移动技术开发,计算机及互联网专业领域内的技术开发等。公司主要从事网络技术、计算机技术、通信设备技术、电子技术领域内的技术开发等。公司目前已有《崩坏学园 2》《未定事件簿》《崩坏 3》《原神》四款游戏面市,而在动画、漫画、音乐以及小说等领域,米哈游 IP 相关创意部门也持续向市场输出优质内容。米哈游公司秉承着"技术宅拯救世界"的使命,始终致力于技术研发、探索前沿科技,在卡通渲染、人工智能、云游戏技术等领域积累了领先的技术能力。

(二)《原神》游戏介绍

《原神》是由米哈游公司制作发行的一款开放世界冒险游戏,于 2017 年 1

月底立项，公测于 2020 年 9 月 28 日开启。游戏构建了一个以元素为主的开放世界，玩家们作为从世界外流落至此的旅行者，通过操纵各类角色和使用各种元素来完成探秘、解谜、战斗等任务。游戏采用了无缝大世界设计，使玩家不再受限于 NPC 和目的地之间的两点一线式互动，大量融合了传统单机主机游戏中的体验乐趣。《原神》是一款装备驱动游戏，玩家们可以花钱抽取自己心仪的装备以及角色，从而提升战斗力，这也是玩家"氪金"的主要方面。在数据方面，同在官方服务器的情况下，iOS、PC、Android 平台之间的账号数据互通，玩家可以在同一账号下切换设备，这也满足了各类玩家的不同需求。

(三)《原神》收入来源及衍生品介绍

1. 游戏充值收入

在《原神》游戏中，玩家通过做任务可以获取一定的"原石"和其他道具，从而获得抽取角色和装备的机会。玩家也可以通过充值购买"创世结晶"来换取"纠缠之缘"，从而抽取角色和武器。特殊的是，角色和武器均为随机掉落，抽取一次平均需要花费 16.8 元，获得心仪的角色平均需要抽 70 次左右，这也成为《原神》游戏类文创 IP 游戏充值收入的主要来源。原神还推出了"小月卡"和"大月卡"活动："小月卡"为 30 元 30 天，每天可多获得 90"原石"；"大月卡"为每个月 68 元，可获得更精美的装备和角色。这给玩家提供了多种多样的充值选择。

2. 衍生品销售收入

《原神》游戏类文创 IP 衍生品主要围绕各个角色推出的实体性周边以及品牌联名商品。其中实体性周边多以手办、胸针和毛绒玩具为主，并在淘宝开设店铺，扩大自己的营销渠道。

为了赢取年轻人的欢心，许多品牌商都不约而同地选择了和游戏开展跨界合作，据北京商报统计，《原神》自上线以来已与喜茶、肯德基、Redmi 等七家品牌方联动，且每次联动玩家们都会表现出极大兴趣，主题门店多次出现人满为患甚至高价求购活动赠礼的情况。以《原神》与肯德基在 2021 年 3 月开启包括游戏道具、游戏材料、实体周边以及限定游戏礼包等多方面的联动为例，从用户画像来看《原神》与肯德基所触达的用户有一定的差异性，两者联动能够进一步扩大用户触及范围，丰富自身用户属性，从而达成双赢。

（四）改进文创 IP 价值评估方法在《原神》游戏类文创 IP 中的应用

1. 收益期

无形资产的收益期是指无形资产发挥作用，并具有超额获利能力的时间。无形资产具有获得超额收益能力的时间才是真正的无形资产的有效期限。《原神》游戏类文创 IP 获取超额收益的期限和其本身游戏的运营期限密不可分。作为游戏界一颗冉冉升起的新星，《原神》已经形成稳定的内容更新节奏，取得了可观的成就。本书将根据其游戏产品生命周期来估测《原神》游戏类文创 IP 生命周期及后续收益期。

《原神》于 2020 年正式上线公测，目前用户黏性较好，发展势头迅猛，生命力旺盛。《原神》是一款角色养成游戏，其正常运营及持续发展离不开游戏的用户黏度。从 QuestMobile 发布的《2022 手机游戏行业洞察报告》可以看到，自公测以来《原神》的月人均使用时长变化，体现出了其用户黏度变化情况。《原神》的月人均时长整体呈现上升的态势并趋于稳定。据《2022 手机游戏行业洞察报告》显示，自 2020 年 9 月至 2022 年 3 月，《原神》的月人均使用时长基本保持在 20 小时到 30 小时之间，且在 2022 年 1 月达到峰值 25 小时，用户黏度保持良好，具体情况见图 5-3。

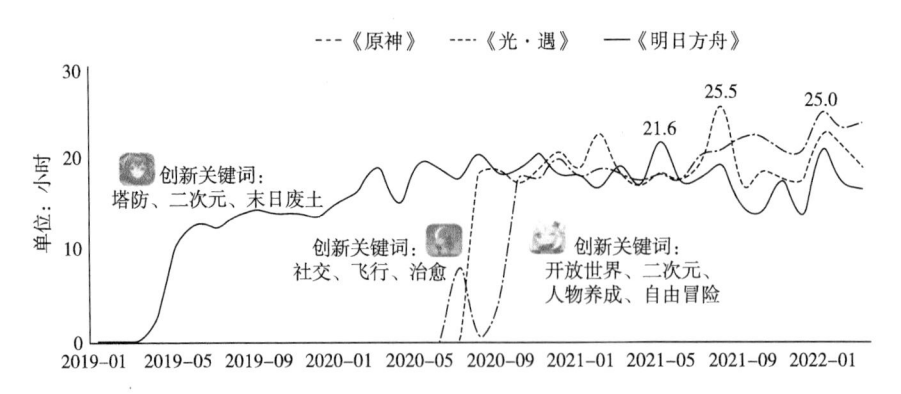

图 5-3 《原神》《光·遇》《明日方舟》月人均使用时长变化

资料来源：Quest Mobile TRUTH 中国移动互联网数据库 2022 年 3 月。

虽然《原神》的月人均使用时长已展现出趋于稳定的态势，但其 MAU 总体上来说较少。截至 2022 年 3 月，其 MAU 为 1 790 万，未来还有较大的增长空间。《原神》作为一款新兴原创的开放世界冒险游戏，目前已经开放了 3 个地图，剧情逐步从朦胧走向明朗，用户体验感不断提高。除这3个地图外，《原神》仍有4个地图尚未开发，其神秘感正吸引着大量用户加入游戏中，未来用户数量及用户黏性有望进一步增加。基于对《原神》的上述分析，本书认为《原神》的剩余经济寿命还有8年，现在正处于成长发展阶段，收益变化仍然较大，预计2.5年后未来收益达到稳定状态。

2. 未来收益预测

（1）《原神》游戏类文创IP相关历史数据分析。《原神》游戏类文创IP相关历史数据情况如表5-16所示。

表5-16 《原神》游戏类文创IP历史数据

时 点	2020-09	2020-12	2021-03	2021-06	2021-09	2021-12	2022-03	2022-06	平均增速（%）
微博粉丝数（万）	0	61.93	112.10	153.33	214.43	249.20	380.60	485.50	42.36
话题曝光度（亿）	0	147.17	2 274.96	60.50	81.97	102.27	155.27	201.52	248.38
在售商品类目数（个）	0	1 865	3 885	5 187	6 808	48	47	52	13.72
类目均价（元）	0	44.26	34.70	81.90	67.23	523.93	184.12	184.22	118.50
电商店铺数（个）	0	655	1 225	1 435	1 683	1 893	1 912	2 179	24.82
播放量（万）	0	13 973.40	22 757.29	28 910.31	27 480.39	33 800.00	110 200.00	154 090.00	62.30

注：本表所收集历史数据中类目均价、在售商品类目数、电商店铺数为当月更新的统计数，其余数据均为持续累计更新的时点数。

从所收集到的历史数据来看，《原神》游戏类文创IP的话题曝光度和类目均价分别在某一时期内出现较大波动，而后恢复正常。考虑到游戏类文创IP与互联网相互依存，且受特殊事件影响较大的特点，其短期内呈现出的状态更具有参考价值。故本书在测算平均增速时剔除掉异常数据后进行相应预测。参考在原仓 IP 数据库中所收集的多个同类 IP 数据的平均增速，本书对话题曝光度的平均增速取 35%，对类目均价的平均增速取 10%，对未来数据基于此进行预测。

（2）《原神》游戏类文创 IP 相关未来数据预测。

《原神》游戏类文创 IP 相关未来数据预测结果如表 5-17 所示。

表 5-17　《原神》游戏类文创 IP 未来数据

时　点	2022-09	2022-12	2023-03	2023-06	2023-09
微博粉丝数（万）	691.13	983.86	1 400.58	1 993.80	2 838.27
话题曝光度（亿）	272.05	367.27	495.81	669.35	903.62
在售商品类目数（个）	59	67	76	87	99
类目均价（元）	202.64	222.91	245.20	269.72	296.69
电商店铺数（个）	2 720	3 395	4 237	5 289	6 601
播放量（万）	250 091.38	405 903.69	658 790.42	1 069 231.01	1 735 384.92
时　点	2023-12	2024-03	2024-06	2024-09	2024-12
微博粉丝数（万）	4 040.42	5 751.74	8 187.89	11 655.87	16 592.71
话题曝光度（亿）	1 219.89	1 646.83	2 223.25	3 001.39	4 051.87
在售商品类目数（个）	112	128	145	165	188
类目均价（元）	326.36	358.99	394.89	434.38	477.82
电商店铺数（个）	8 239	10 283	12 835	16 021	19 996
播放量（万）	2 816 567.04	4 571 348.86	7 419 397.49	12 041 841.64	19 544 167.89

数据来源：作者自行计算整理。

（3）《原神》游戏类文创 IP 衍生品销售收入预测。将上述测算出的相关未来数据代入到本书第三章建立的未来收益预测模型中得到《原神》游戏类文创 IP 衍生品的未来销售收入。预测频率为 3 个月一次，以基准预测时点数据作为 3 个月的平均值，故总额为将各基准预测时点的销售收入分别乘上三倍加总后得到。其中，《原神》游戏类文创 IP 粉丝地域分布取值为 1；粉丝男女比例取值为 0；粉丝属性取值为 3；文创 IP 年龄取值以评估基准日的取值 3 为基准，每预测一次增加 0.25。未来 2.5 年后的成熟期数据以 2024 年 10—12

月这一时段的数据为基准,保持稳定。具体计算结果见表 5-18。

$$IPSales = -59.796 + 0.202 Fannum - 613.296 Fanlocal - 337.195 Fangender -$$
$$101.465 Fanquality + 0.461 age + 41.065 local + 188.903 \ln Topicexposure +$$
$$0.126 Goodsnum + 0.194 Goodprice + 0.083 Shopnum +$$
$$65.282 \ln Playbackvolume + \varepsilon \tag{5.6}$$

表 5-18　原神游戏类文创 IP 衍生品的未来销售收入

（单位：万元）

时　段	IPSales
2022-06—2022-09	868.15
2022-10—2022-12	1 343.86
2023-01—2023-03	1 938.01
2023-04—2023-06	2 692.94
2023-07—2023-09	3 667.08
2023-10—2023-12	4 941.26
2024-01—2024-03	6 627.63
2024-04—2024-06	8 882.29
2024-07—2024-09	11 922.93
2024-10—2024-12	16 053.84
2025-01—2030-06	353 184.58

数据来源：作者自行计算整理。

（4）虚拟商品充值流水预测。通过对七麦数据网站公布的《原神》游戏虚拟货币历史充值流水数据的分析,得到虚拟商品充值流水的平均增速,进而预测未来 2.5 年内的充值流水收入。需要说明的是,目前我国只能收集到 iOS 平台的充值流水数据,基于两个平台用户的数量情况对比,游戏界通常将安卓平台的充值流水看作 iOS 平台的两倍。本书对于游戏虚拟商品的流水预测也按照此惯例进行。具体流水数据见表 5-19。

表 5-19　《原神》游戏类文创 IP 虚拟商品充值
流水历史数据　　　　（单位：万元）

时　段	游戏充值流水
2020-09—2020-12	15 558.23

续表

时　段	游戏充值流水
2021-01—2021-03	10 743.38
2021-04—2021-06	7 696.87
2021-07—2021-09	11 383.70
2021-10—2021-12	10 059.09
2022-01—2022-03	15 284.74
2022-04—2022-06	15 108.41

数据来源：作者自行计算整理。

经计算，《原神》游戏类文创IP虚拟商品充值流水在2020年9月—2022年6月的平均增速为4.63%，本书以此作为增长率预测未来2.5年的流水收入。具体预测数据见表5-20。

表5-20　《原神》游戏类文创IP虚拟商品充值
流水未来数据　　　（单位：万元）

时　段	游戏充值流水
2022-06—2022-09	15 807.93
2022-10—2022-12	16 539.84
2023-01—2023-03	17 305.63
2023-04—2023-06	18 106.88
2023-07—2023-09	18 945.23
2023-10—2023-12	19 822.39
2024-01—2024-03	20 740.17
2024-04—2024-06	21 700.44
2024-07—2024-09	22 705.17
2024-10—2024-12	23 756.42
2025-01—2030-06	522 641.26

数据来源：作者自行计算整理。

(5)《原神》游戏类文创 IP 未来销售收入预测。将前面测算的衍生品销售收入与虚拟商品充值流水加总得到《原神》游戏类文创 IP 未来销售收入，具体数据见表 5-21。

表 5-21 《原神》游戏类文创 IP 未来销售收入预测 （单位：万元）

时　段	销售收入
2022-06—2022-09	16 676.08
2022-10—2022-12	17 883.69
2023-01—2023-03	19 243.64
2023-04—2023-06	20 799.82
2023-07—2023-09	22 612.31
2023-10—2023-12	24 763.65
2024-01—2024-03	27 367.81
2024-04—2024-06	30 582.73
2024-07—2024-09	34 628.10
2024-10—2024-12	39 810.27
2025-01-2030-06	875 825.85

数据来源：作者自行计算整理。

3. 折现率

《原神》游戏类文创 IP 所属公司米哈游暂未上市，财务报表没有对外公开，本书难以获取测算折现率所需的相应数据。因此，本书假设案例 IP 企业的资本结构维持在行业平均水平。通过测算可比公司的 β 值及平均 ROE，进而求出《原神》游戏类文创 IP 的折现率。

(1) 可比公司介绍。为确保可比性，本书选取了与米哈游公司在主营业务和盈利模式等方面相近的几家上市公司作为参考，将它们各自的折现率作为《原神》游戏类文创 IP 折现率确定的依据。

受新冠疫情影响，近两年很多游戏上市公司均处于亏损状态，净资产收益率小于 0。经综合考虑，最终选取的可比公司为以下 5 家：

①神州泰岳。神州泰岳即北京神州泰岳软件股份有限公司，成立于 2001 年，于 2009 年 10 月 30 日在深交所挂牌上市。公司主要从事 ICT 运营管理、

游戏、物联网与通信、人工智能与大数据及创新五大业务,是一家"创新赋能,价值引领"的民营高科技企业。

②天舟文化。天舟文化即天舟文化股份有限公司,成立于2003年,于2010年12月15日在深圳证券交易所创业板上市。公司主要从事教育资源与服务、移动互联网游戏、优质文化的传播与传承业务,是一家经济实力雄厚、产业特色鲜明、文化积淀深厚的国内一流文化产业集团。

③掌趣科技。掌趣科技即北京掌趣科技股份有限公司,成立于2004年,于2012年在深交所创业板上市,是国内A股第一家上市移动游戏公司。公司主要从事全球化游戏的研发与发行,是一家综合型的移动终端及互联网页面游戏开发公司。

④昆仑万维。昆仑万维即北京昆仑万维科技股份有限公司,成立于2008年,于2015年1月21日在深交所挂牌上市。公司主要从事社交娱乐、信息分发、元宇宙及游戏等业务,是一家全球化的综合互联网公司。

⑤盛讯达。盛讯达即深圳市盛讯达科技股份有限公司,成立于2006年,于2016年6月24日在深交所创业板上市。公司主要从事动漫创作、游戏研发、音乐制作、在线阅读,以及移动互联网应用开发业务,是一家国家级高新技术企业。

以上5家公司的主营业务均为游戏研发,处于正常经营状态。因此,本书将上述5家公司作为《原神》游戏类文创IP所属公司米哈游公司的可比公司。

(2) 折现率的计算。折现率采用资本资产定价模型确定:

$$R_e = R_f + (R_m - R_f) \times \beta \tag{5.7}$$

①无风险收益率 R_f 的确定。结合预测出的《原神》IP的收益期,将10年期的国债到期收益率作为无风险收益率 R_f。经查询得,无风险收益率 R_f 为2.82%。

②行业平均收益率 R_m 的确定。

将与米哈游公司处于同一行业的5家上市公司的平均 ROE 作为行业平均收益率 R_m,其中可比公司 ROE 如表5-22所示。

表5-22 可比公司 ROE

证券代码	可比公司	ROE(%)
300002	神州泰岳	4.98

续表

证券代码	可比公司	ROE（%）
300148	天舟文化	1.06
300315	掌趣科技	2.02
300418	昆仑万维	5.87
300518	盛讯达	0.91

数据来源：同花顺 iFinD 软件生成。

计算可得行业平均收益率 R_m 为 2.97%。

（3）β 系数的确定。β 系数采用可比公司法，具体计算过程如下：

$$\beta_e = \beta_u \times \left[1 + (1-t) \times \frac{D}{E}\right] \quad (5.8)$$

式中，β_e 为标的公司即震惊文化权益资本的预期市场风险系数；β_u 为可比公司的预期市场风险系数；D 为付息债务；E 为权益资本。

其中，可比公司的预期市场风险系数可以用同花顺 iFinD 数据库中 β 值计算器求得。对可比公司 2021 年 6 月 30 日至 2022 年 6 月 30 日的日收益率和沪深 300 指数 2021 年 6 月 30 日至 2022 年 6 月 30 日的日收益率进行回归，计算结果见表 5-23。

表 5-23 可比公司预期市场风险系数

可比公司	β
神州泰岳	1.385 2
天舟文化	1.247 7
掌趣科技	1.106 7
昆仑万维	0.812 7
盛讯达	0.677 7
平均值	1.046 0

数据来源：同花顺 iFinD 软件生成。

将上述计算结果代入公式得到米哈游公司预期市场风险系数：

$$\beta_e = 1.046\,0 \times [1+ (1-15\%) \times 0.224\,0] = 1.245\,2 \qquad (5.9)$$

因此，折现率为：

$$R_e = 2.82\% + (2.97\% - 2.82\%) \times 1.245\,2 = 3.01\% \qquad (5.10)$$

因本案例评估对未来收益的预测以 3 个月为一个周期，故折现率 R_e 需转换为对应的季度利率。最终测得季度利率为：

$$r = (1 + 3.01\%)^{\frac{1}{4}} - 1 = 0.744\,2\% \qquad (5.11)$$

（五）分成率

本书将采用层次分析法测算 IP 价值占 IP 衍生品销售收入的比重，即 IP 分成率。目标层为影响《原神》游戏类文创 IP 衍生品销售收入的评估体系，用 A 表示；第二层和第三层分别对应一级指标和二级指标，用 B 和 C 表示。其中，一级指标包括制作创意、网络舆情、市场潜力以及目标受众，分别下设几个二级指标，具体评估体系如图 5-4 所示。

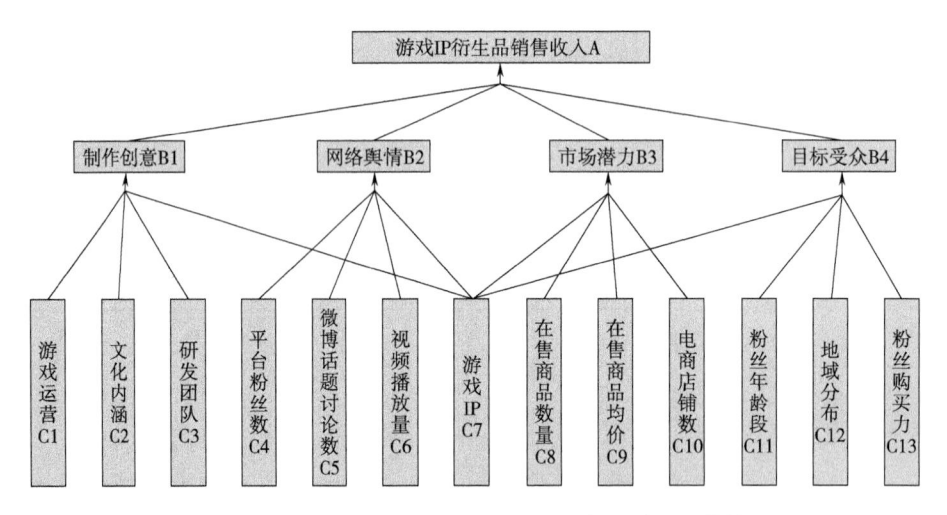

图 5-4 《原神》游戏类文创 IP 衍生品销售收入评估体系

图片来源：yaahp 软件生成。

采用专家打分法确定各指标的相对重要程度来构建判断矩阵。

1. 构造制作创意因素的判断矩阵

已知 C1 表示游戏运营，C2 表示文化内涵，C3 表示研发团队，C7 表示游戏 IP。构造判断矩阵如表 5-24 所示。

表 5-24　制作创意因素判断矩阵

B1	C1	C2	C3	C7	ω
C1	1.000 0	3.000 0	5.000 0	7.000 0	0.586 0
C2	0.333 3	1.000 0	2.000 0	3.000 0	0.218 0
C3	0.200 0	0.500 0	1.000 0	2.000 0	0.123 6
C7	0.142 9	0.333 3	0.500 0	1.000 0	0.072 5

使用 yaahp 软件对特征向量进行归一化处理后得到计算结果如下：

最大特征值 λ_{max} = 4.001 92，CR = 0.007 2<0.1，该判断矩阵通过一致性检验。

2. 构造网络舆情因素的判断矩阵

已知 C4 表示平台粉丝数，C5 表示微博话题讨论数，C6 表示视频播放量，C7 表示游戏 IP。构造判断矩阵如表 5-25 所示。

表 5-25　网络舆情因素判断矩阵

B2	C4	C5	C6	C7	ω
C4	1.000 0	2.000 0	0.500 0	0.250 0	0.133 4
C5	0.500 0	1.000 0	0.333 3	0.200 0	0.081 0
C6	2.000 0	3.000 0	1.000 0	0.166 7	0.192 5
C7	4.000 0	5.000 0	6.000 0	1.000 0	0.593 1

使用 yaahp 软件对特征向量进行归一化处理后得到计算结果如下：

最大特征值 λ_{max} = 4.204 8，CR = 0.059 2<0.1，该判断矩阵通过一致性检验。

3. 构造市场潜力因素的判断矩阵

已知 C7 表示游戏 IP，C8 表示在售商品数量，C9 表示在售商品均价，C10 表示电商店铺数。构造判断矩阵如表 5-26 所示。

表 5-26　市场潜力因素判断矩阵

B3	C7	C8	C9	C10	ω
C7	1.000 0	0.333 3	0.200 0	2.000 0	0.115 3

续表

B3	C7	C8	C9	C10	ω
C8	3.000 0	1.000 0	0.333 3	3.000 0	0.244 0
C9	5.000 0	3.000 0	1.000 0	6.000 0	0.564 4
C10	0.500 0	0.333 3	0.166 7	1.000 0	0.076 4

使用 yaahp 软件对特征向量进行归一化处理后得到计算结果如下：

最大特征值 λ_{max} = 4.079 6，CR = 0.029 8<0.1，该判断矩阵通过一致性检验。

4. 构造目标受众因素的判断矩阵

已知 C7 表示游戏 IP，C11 表示粉丝年龄段，C12 表示地域分布，C13 表示粉丝购买力。构造判断矩阵如表 5-27 所示。

表 5-27 目标受众因素判断矩阵

B3	C7	C11	C12	C13	ω
C7	1.000 0	2.000 0	7.000 0	0.500 0	0.303 9
C11	0.500 0	1.000 0	5.000 0	0.333 3	0.182 1
C12	0.142 9	0.200 0	1.000 0	0.166 7	0.051 9
C13	2.000 0	3.000 0	6.000 0	1.000 0	0.462 2

使用 yaahp 软件对特征向量进行归一化处理后得到计算结果如下：

最大特征值 λ_{max} = 4.113 2，CR = 0.042 4<0.1，该判断矩阵通过一致性检验。

5. 构造《原神》游戏类文创 IP 衍生品销售收入评估体系判断矩阵

《原神》游戏类文创 IP 衍生品销售收入评估体系判断矩阵如表 5-28 所示。

表 5-28 《原神》游戏类文创 IP 衍生品销售收入评估体系判断矩阵

A	B1	B2	B3	B4	ω
B1	1.000 0	7.000 0	0.333 3	2.000 0	0.281 4
B2	0.142 9	1.000 0	0.200 0	0.250 0	0.059 2

续表

A	B1	B2	B3	B4	ω
B3	3.000 0	5.000 0	1.000 0	3.000 0	0.489 0
B4	0.500 0	4.000 0	0.333 3	1.000 0	0.170 4

使用 yaahp 软件对特征向量进行归一化处理后得到计算结果如下：

最大特征值 λ_{max} =4.215 6，CR=0.080 8<0.1，该判断矩阵通过一致性检验。

6.《原神》游戏类文创 IP 衍生品销售收入评估体系综合权重

《原神》游戏类文创 IP 衍生品销售收入评估体系综合权重如表 5-29 所示。

表 5-29　《原神》游戏类文创 IP 衍生品销售收入评估体系综合权重

目标层	一级指标	一级指标权重	二级指标	二级指标权重	ω_i
《原神》游戏类文创IP衍生品销售收入评估体系	制作创意	0.281 4	游戏运营	0.586 0	0.164 9
			文化内涵	0.218 0	0.061 3
			研发团队	0.123 6	0.034 8
			游戏 IP	0.072 5	0.020 4
	网络舆情	0.059 2	平台粉丝数	0.133 4	0.007 9
			微博话题讨论量	0.081 0	0.004 8
			视频播放量	0.192 5	0.011 4
			游戏 IP	0.593 1	0.035 1
	市场潜力	0.489 0	游戏 IP	0.115 3	0.056 4
			在售商品数量	0.244 0	0.119 3
			在售商品均价	0.564 4	0.276 0
			电商店铺数	0.076 4	0.037 4
	目标受众	0.170 4	游戏 IP	0.303 9	0.051 8
			粉丝年龄段	0.182 1	0.031 0
			地域分布	0.051 9	0.008 8
			粉丝购买力	0.462 2	0.078 8

将 IP 在各一级指标中的权重加总后最终得到在《原神》游戏类文创 IP

衍生品销售收入中 IP 所占权重为 16.37%。

(六)《原神》游戏类文创 IP 价值评估结果

将前面所求的相关参数代入到公式中得到《原神》游戏类文创 IP 的价值。

$$\begin{aligned}
V &= \left[\sum_{i=1}^{n}\frac{R_i}{(1+r)^i} + \frac{R_n}{(1+r)^{10}}(P/A, r, n-10)\right] \times \omega_i \\
&= \left[\frac{16\,676.08}{(1+0.744\,2\%)} + \frac{17\,883.69}{(1+0.744\,2\%)^2} + \frac{19\,243.64}{(1+0.744\,2\%)^3} + \right.\\
&\quad \frac{20\,799.82}{(1+0.744\,2\%)^4} + \frac{22\,612.31}{(1+0.744\,2\%)^5} + \frac{24\,763.65}{(1+0.744\,2\%)^6} + \\
&\quad \frac{27\,367.81}{(1+0.744\,2\%)^7} + \frac{30\,582.73}{(1+0.744\,2\%)^8} + \frac{34\,628.10}{(1+0.744\,2\%)^9} + \\
&\quad \left.\frac{39\,810.27}{(1+0.744\,2\%)^{10}} + \frac{39\,810.27}{(1+0.81\%)^{10}} \times 20.077\,0\right] \times 16.37\% \\
&= 161\,241.47(万元) \quad\quad\quad\quad\quad\quad\quad\quad\quad (5.12)
\end{aligned}$$

因此,案例《原神》游戏类文创 IP 价值为 161 241.47 万元。

三、本章小结

本章选取了两个案例《王者荣耀》和《原神》,并对《王者荣耀》和《原神》采用了第三章构建的游戏类文创 IP 价值评估方法进行估算。首先,本书从原仓 IP 数据中获取了《王者荣耀》和《原神》的衍生品收益情况、粉丝情况以及平台情况。其次,在收益额预测方面,将《王者荣耀》和《原神》的数据带入游戏类文创 IP 衍生品收益模型,获得《王者荣耀》和《原神》的未来衍生品收益,并且通过层次分析法提取出《王者荣耀》和《原神》的未来收益。在折现率方面,游戏类文创 IP 的收入不仅受自身因素的影响,而且与企业的品牌、产业链的营销模式和整个行业的发展等息息相关,故本章选取了股权资本成本作为文创 IP 的折现率。在收益期方面,《王者荣耀》IP 的收益期为 6 年,前 2.5 年为高速增长期,后 3.5 年为稳定期;《原神》IP 的收益期为 8 年,前 2.5 年为高速增长期,后 5.5 年为稳定期。最后,本章得到案例《王者荣耀》游戏类文创 IP 价值为 4 891 026.45 万元,案例《原神》游戏类文创 IP 价值为 161 241.47 万元。

第六章　博物馆文创 IP 价值评估案例分析

此部分选取陕西历史博物馆艺术类文创 IP 进行案例分析，将通过对陕西历史博物馆艺术类文创 IP 案例进行剖析、计算以及应用，验证第三章提出的艺术类文创 IP 价值预测模型的合理性，期望为资产评估师评估艺术类文创 IP 价值提供帮助。

一、陕西历史博物馆简介

陕西历史博物馆位于西安南郊唐大雁塔的西北侧，其前身为 1944 年六月成立的"陕西省历史博物馆"，1950 年改称西北历史陈列馆，1952 年改称西北历史博物馆，1955 年 6 月改称陕西省博物馆。1983 年，根据周恩来总理指示，由国家计委和陕西省政府共同投资 1.44 亿元人民币，开始在现址筹建新馆，1991 年 6 月 20 日正式建成开放，并定名现名，是目前我国规模最庞大、设施最先进的第一座大型现代化国家级博物馆。其占地面积 7 万平方米，建筑面积 5.6 万平方米，用以展览的面积 1.1 万平方米，拥有各类文物藏品约 171.7 万件，其中最受观众青睐的当属 18 件国宝和 800 多件国家一级文物。

或许正是因为文物众多，陕西历史博物馆的文化 IP 资源也是不容小觑的。随着近几年经济的高速运转，文化产品质量也不断提升，但是相比于故宫博物院 IP、苏州博物院 IP 等大 IP，陕西历史博物馆 IP 的开发仍处于初级阶段。

近几年，随着博物馆 IP 的出现，相关博物馆文创产品的开发呈现百花齐放之势，对整个文化产业的发展产生了重大影响，同时也有利于弘扬我国的传统文化。2022 年 6 月，故宫博物院的平台粉丝数为 1 137.15 万，其文创 IP 衍生品销售额达到 12 000 万元；苏州博物馆的平台粉丝数为 54.1 万，其文创 IP 衍生品销售额达到 54.1 万元；陕西历史博物馆的平台粉丝数为 126.75 万，文创 IP 衍生品销售额为 57.27 万元。这一系列的博物馆文创 IP 衍生品的销售额证明了历史文物中蕴含的无数艺术价值，对文化的传播有着积极作用。博物馆文创 IP 衍生品是博物馆文化产业的附加值，该类商品的销售走的是一条新的文化经济路线，为我国的文创产品"走出去"战略提供了新思路。

在 2014 年，陕西历史博物馆推出了两个典型且具有意义的文物为吉祥物——"唐美丽"和"汉英俊"。推出"唐美丽"的原因是陕西历史博物馆的文物贯穿周、秦、汉和唐，唐朝却是中国最强大、最开放的时代，女性也多了一定的选择权，"唐美丽"正好是唐三彩女性的原型，留着典型的唐式发型，身着典型的唐式服装。与此同时，陕西历史博物馆还推出了一个叫"汉英俊"的吉祥物，展现汉朝的特征。当把这些吉祥物放到网上曝光时，很快就吸引了很多粉丝，并引起了很大的轰动。此后，陕西历史博物馆不断开发各式各样、种类丰富的文化创意产品。从陕西历史博物馆的官网可以看到各种文化创意产品，具体的文创产品如表 6-1 所示。

表 6-1 陕西历史博物馆 2022 年文化创意产品

名称	数量	具体的文创产品
虎符送福	3	伴手礼盒、文创文具、抱枕长条
唐妞	6	旅行箱吊牌、手账和彩色胶带、摆件、纪念品挂饰、茶垫、家居装饰
花舞大唐	38	丝巾、书夹、书签、文具盒、收纳包、水杯、胸针、首饰、扇子、笔记本、明信片等
国宝系列	21	摆件、公交卡、U 盘、挂饰、香囊球、书签、丝巾、杯子、钥匙扣等
陕博日历	1	陕博日历花舞大唐收藏佳品礼物
书籍邮册	6	国宝手记、周秦汉唐古经折邮票、古董局中局、周秦汉唐 14 朝中英日文版本、丝路明珠邮册收藏、丝路芳华邮折邮册收藏品
联名文创	6	青铜天团家居摆件、青铜小分队系列盲盒、青铜家居团现代工艺品、粉饼、口红、眉笔

数据来源：作者根据网络公开资料自行整理。

图 6-1 至图 6-7 是陕西历史博物馆的各种文创产品。

第六章　博物馆文创IP价值评估案例分析

图 6-1　虎符送福

图片来源：陕西历史博物馆官网。

陕西历史博物馆×陕拾叁虎符饼干　　杜虎符橡皮　　杜虎符抱枕

图 6-2　唐妞

图片来源：陕西历史博物馆官网。

唐妞手办　　唐妞钥匙扣　　文创唐妞簪花仕女图小方巾

图 6-3　花舞大唐

图片来源：陕西历史博物馆官网。

方巾百搭女丝巾　　创意笔袋　　鹦鹉纹水晶玻璃酒杯

图 6-4　国宝系列

图片来源：陕西历史博物馆官网。

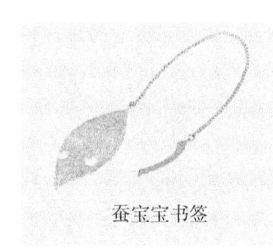

蚕宝宝书签　　唐镶金兽首玛瑙杯家居办公桌摆件　　葡萄花鸟纹香囊镂空挂件

123

典藏2022/2021/2019陕博日历花舞大唐

图6-5　陕博日历
图片来源：陕西历史博物馆官网。

国家宝藏丝路芳华　　国宝手记　　周秦汉唐古经折邮票贴收藏品

图6-6　书籍邮册
图片来源：陕西历史博物馆官网。

青铜天团家居摆件　　　　零感唇釉

图6-7　联名文创
图片来源：陕西历史博物馆官网。

二、陕西历史博物馆 IP 文化衍生品开发策略

博物馆 IP 的合作与授权，在我国仍处于起步阶段，整体发展水平还不高。在对陕西历史博物馆 IP 文化衍生品的开发过程中，采用的开发策略

如下：

第一，将博物馆文化资源授权给相关的商家或设计师，利用现代功能和传统文化结合，形成个性化的文化内涵。博物馆售卖的一系列文化产品最突出的特征是其独特的文化价值，利用现代的工艺技术，进行生产销售，实现传统与现代的完美结合。在联名文创中，陕西博物馆利用自身的文化风韵，与现代大众口红相结合，在个性定制中展现其独特的文化价值。陕西历史博物馆的商店，也会针对同一个展品开发不同形态的 IP 衍生品，如钥匙扣、冰箱贴等。经过陕西历史博物馆授权后开发的产品，一般都是以手机壳、首饰、文具、摆件等实物形式展现的，范围广泛、种类齐全。

第二，授权商品外包装的开发，并与其合作开发，实现互利互惠。一般是由陕西历史博物馆提出文化创意产品的要求，相关的合作单位根据要求对外包装进行设计和制作。这些设计和制作还是以陕西历史博物馆的馆内资源为核心，将 IP 在外包装上展现。这种授权方式较为简单，并且普遍，对挖掘陕西历史博物馆的文化价值也具有重大意义。实践证明，这一开发方式的确受到了大众的欢迎，体现了合作商设计的专业化、标准化和个性化。

第三，营销开发和授权，利用营销海报、视频、软文等将 IP 的元素用于宣传推广，在中国七大博物馆推出的《第一届文物戏精大会》抖音短视频中，博物馆的文物表现得活灵活现。兵马俑扭起了迪斯科，唐三彩也开始载歌载舞，这些文物活灵活现，吸引了大众的眼球。陕西历史博物馆采用这种思路，激活了文物 IP，开发了更多的文创作品，有利于创造更多的网红产品。

三、改进文创 IP 价值评估方法在陕西历史博物馆文创 IP 中的应用

（一）收益期

无形资产收益期限通常与法定寿命、合同有效期限、经济寿命等有关。陕西历史博物馆文创 IP 的超额收益是由多个因素决定的，与博物馆是否能维持自身热度、扩大受众群体、获得政府政策的支持等息息相关。然而博物馆文创 IP 衍生品的寿命，是根据其给企业带来的超额收益衡量的，其剩余经济寿命往往也是短于法定寿命的，因此需要结合我国文创产品所处的阶段、具体 IP 的未来收益和存续能力进行单个判断调整。

根据以往我国博物馆文创 IP 的发展历程可以得知，我国博物馆文创 IP 呈现出比较明显的生命周期。博物馆文创 IP 产品的生命周期一般分为开发期、引入期、成长期、成熟期和衰退期。开发期是对博物馆文创 IP 产品进行构思和研究的时期，需要投入大量的资金成本，并无销售；引入期是博物馆文创 IP 新产品刚进入市场的时期，这时较少用户会尝试购买，销量较低；成长期是指博物馆文创 IP 产品进入市场较长一段时间，这时产品已经得到市场的认可，有了一定的口碑，销量也在不断增长，但是由于各种因素共同作用，销量并不能保持稳定增长状态；成熟期，则是指博物馆文创 IP 产品销量的稳定期，这时市场需求已经趋于饱和，潜在的用户变少，要做的就是改进相关 IP 产品，调整营销策略，稳定产品市场；最后就是衰退期，博物馆文创 IP 产品的销量和为企业带来的利润不断地下滑，出现入不敷出的状态，可能就此消失在市场当中。

改革开放后，我国文化创意产业政策不断调整，有了一个良好的发展环境，目前仍处于高速发展时期，并且会持续很久。由于文化创意行业的快速发展，博物馆的数量以及博物馆 IP 的数量都在逐步上升（如图 6-8 所示），使得陕西历史博物馆受到新的进入者的威胁。

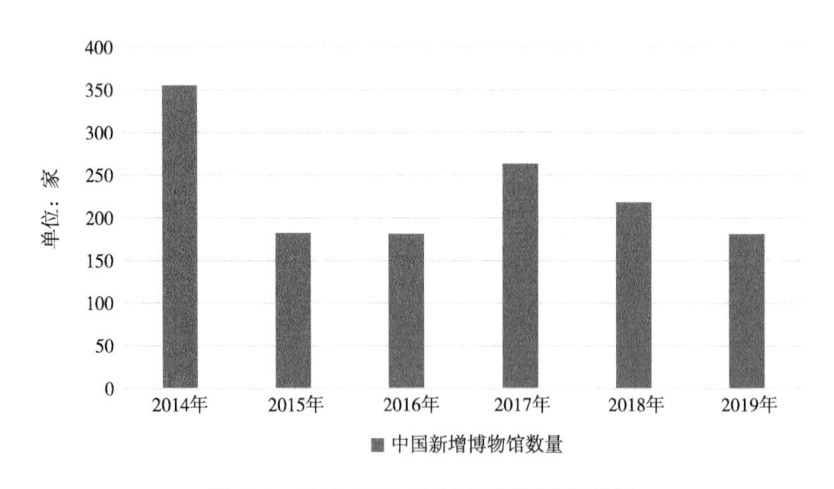

图 6-8　2014-2019 年中国新增博物馆数量

数据来源：根据国家文物局、前瞻产业研究院数量整理。

根据生命周期理论和我国文化创意产业的发展现状，考虑到陕西历史博物馆创意产品的自身发展潜力和博物馆自身的影响力，本书将陕西历史博物馆文创IP衍生品的收益年限分为两个阶段，即成长期和稳定期。因此，本书在评估陕西历史博物馆的文创IP价值时选用了两阶段模型，第一阶段为高速增长期，第二阶段为永续增长阶段。由于近几年文化产业的兴起，文创IP的发展还会持续火热一段时间，本书假设陕西历史博物馆在2022年6月30日—2025年6月30日为高速增长阶段，在2025年6月30日以后进入永续增长期。

（二）未来收益预测

根据收益期限的预测可知，陕西历史博物馆的收益期限为永续期，结合手工收集的原仓IP数据进行变量的未来预测，将最终预测的结果代入前面建立的未来收益的预测模型来确定最终的未来收益。具体来讲，本书是以2022年6月份的数据为基准数据，乘以平均增长速度，进行半年期预测。本书采用半年期收集和预测的原因是博物馆文创IP衍生品受互联网影响较大，又以粉丝经济为基础，稳定性较差。本书预计陕西历史博物馆的文创IP衍生品在2024年12月的销售收入达到稳定状态。

1. 陕西历史博物馆文创IP衍生品相关历史数据分析

陕西历史博物馆文创IP衍生品相关历史数据情况如表6-2所示。

表6-2 陕西历史博物馆文创IP历史数据

时 点	2020-12	2021-03	2021-06	2021-09	2021-12	2022-03	2022-06	平均增长率（%）
微博粉丝数（万）	1 164 544	1 198 935	1 251 267	1 248 882	1 248 600	1 251 800	1 267 500	1.44
在售商品类目数（个）	492	522	481	366	17	20	19	-18.06
类目均价（元）	150.12	124.32	48.13	99.99	55.43	48.56	69.4	2.54
电商店铺数（个）	122	148	136	100	99	54	86	-0.08
视频播放量（万）	2 965 037	3 142 926	3 280 130	3 349 231	3 460 600	3 605 600	4 373 300	6.88

数据来源：原仓IP数据库。

根据所收集的数据可知，2020年12月—2021年9月，陕西历史博物馆文创IP的在售商品数波动较大，2021年12月逐渐达到稳定状态。考虑到博物馆文创IP与互联网相互依存，受风波影响较大的特点，本书认为短期的数据更具有参考价值。因此，在对在售商品数预测时，利用2021年12月至2022年6月的平均增长速度进行相应预测。经过计算，得到博物馆文创IP在售商品数的增长率为6.32%。

2. 陕西历史博物馆文创IP相关未来数据预测

陕西历史博物馆文创IP相关未来数据预测如表6-3所示。

表6-3 陕西历史博物馆文创IP未来数据

时点	2022-09	2022-12	2023-03	2023-06	2023-09	2023-12
微博粉丝数（万）	1 285 699.91	1 304 161.15	1 322 887.47	1 341 882.68	1 361 150.64	1 380 695.27
在售商品类目数（个）	20	21	23	24	26	27
类目均价（元）	71.16	72.97	74.82	76.72	78.67	80.67
电商店铺数（个）	86	86	86	86	86	86
播放量（万）	4 674 174.37	4 995 748.29	5 339 445.86	5 706 789.15	6 099 404.92	6 519 031.88
时点	2024-03	2024-06	2024-09	2024-12	2025-03	2025-06
微博粉丝数（万）	1 400 520.54	1 420 630.47	1 441 029.16	1 461 720.76	1 482 709.46	1 503 999.54
在售商品类目数（个）	29	31	33	35	37	40
类目均价（元）	82.72	84.82	86.97	89.18	91.44	93.77
电商店铺数（个）	86	85	85	85	85	85
播放量（万）	6 967 528.34	7 446 880.47	7 959 211.08	8 506 789.01	9 092 039.22	9 717 553.48

数据来源：作者自行计算整理。

3. 陕西历史博物馆文创IP衍生品销售收入预测

将上述测算的未来数据代入到未来收益预测模型（6-1）中即得到陕西历史博物馆文创IP衍生品的未来销售收入。本书的预测频率为3个月一次，将3个月的平均值作为基准预测时点数据，故销售收入为基准点预测时点的销售收入乘以3。根据手工收集的原仓IP数据，可知陕西历史博物馆文创IP

的粉丝地域分布为1，粉丝男女比例为0，粉丝属性为2；陕西历史博物馆诞生的时间为1991年，在预测时，本书以3个月为一个时间段。具体计算结果如表6-4所示。

$$IPSales = 118.422 + 1.18 Fannum - 110.922 Fanlocal + 72.312 Fangender -$$
$$43.594 Fanquality - 0.228 age - 0.352 Goodsnum + 0.404 Goodsprice +$$
$$2.041 Shopnum + 0.011 Playbackvolume + \varepsilon \qquad (6.1)$$

表 6-4　陕西历史博物馆文创 IP 衍生品的未来销售收入

（单位：万元）

时　段	IPSales
2022-06—2022-09	470.60
2022-10—2022-12	478.19
2023-01—2023-03	485.96
2023-04—2023-06	493.89
2023-07—2023-09	502.01
2023-10—2023-12	510.31
2024-01—2024-03	518.81
2024-04—2024-06	527.51
2024-07—2024-09	536.42
2024-10—2024-12	545.55
2025-01—2025-03	554.91
2025-04—2025-06	564.51

数据来源：作者自行计算整理。

（三）折现率

陕西历史博物馆文创 IP 属于政府主体所有，并未有可归属的上市公司，财务数据也未对外公开，因此，在计算折现率时，所需数据难以获得。本书假设该 IP 的资本结构维持在行业平均水平，可以通过可比公司的 β 值和平均 ROE 计算得到陕西历史博物馆文创 IP 衍生品的折现率。

1. 可比公司的选取

陕西历史博物馆的文化创意产品属于文化产业，但是无隶属的上市公司，很难获取相关财务数据。因此，为了确保数据的可获得性，本书选取了在主营业务和盈利模式等方面与其相近的几家上市公司作为参考，以它们的平均指数为基础，来计算陕西历史博物馆文创 IP 衍生品的折现率。

（1）德艺文创。德艺文创即德艺文化创意股份有限公司，成立于 1995 年，主营业务是创意家居用品的研发设计、外包生产及销售、原创影视类文创 IP 的商业化运营和衍生品的设计开发与营销等。家具产品主要是创意的装饰品、休闲日用品、时尚小家具，产品种类众多。同时，该公司在 2019 年设立了"IP 运营事业部"——专门围绕 IP 进行形象设计、内容创作、周边开发、渠道营销、品牌经营等环节的完整产业链条，增强企业自身的核心竞争力。

（2）祥源文化。祥源文化即浙江祥源文化股份有限公司，成立于 1992 年 9 月。公司以动漫、动画影视业务为核心，以文旅动漫为战略业务发展方向，业务涵盖动漫、影视、游戏、阅读、教育、金融等多元产业格局。公司依托动漫资源库、发布渠道和运营经验，实行"内容+渠道"双轮驱动，构建以影视类文创 IP 为核心，"文漫影游"四位一体的泛娱乐产业链。

（3）读客文化。读客文化即读客文化股份有限公司，于 2009 年在上海市金山区成立，在创业板上市。该公司涉及出版物零售、出版物批发、网络文化经营、增值电信业务、电影发行等业务。读客文化的三个经典 IP 形象——书单狗、影单猫和熊猫君，为公司奠定了三大品牌新资产。

（4）中南文化。中南文化即中南红文化集团股份有限公司，于 2003 年成立，主营业务是电视剧、电影项目的投资、策划、制作、发行、营销及其衍生品开发业务，以及版权开发、运营等。

（5）博纳影业。博纳影业即博纳影业集团股份有限公司，是首家登录美国纳斯达克的中国内地影视集团，是中国一家全产业链布局的、具有发行能力的影视内容制作公司。公司主营业务收入主要来源于投资、发行、院线、影院业务。公司自成立以来，发行 170 余部中外影片，累计票房超过 30 亿元人民币，连续六年占市场份额的 20%。

上述五家公司均以艺术类文创 IP、艺术类文创 IP 衍生品等作为主营业务，并且处于正常的经营状态，因此，本书选取这五家文化创意公司作为陕西历史博物馆文创 IP 的可比公司求取相关的折现率。

2. 折现率的确定

本案例的折现率采用资本资产定价模型确定：

$$R_e = R_f + (R_m - R_f) \times \beta \qquad (6.2)$$

(1) 无风险收益率 R_f 的确定。结合我国原创形象 IP 的平均收益期，将 10 年期的国债到期收益率作为无风险收益率 R_f，经查询得无风险收益率 R_f 为 2.82%。

(2) 市场期望报酬率 R_m 的确定。将与陕西历史博物馆处于同一行业的 5 家上市公司的平均 ROE 作为市场平均收益率 R_m，具体可比公司净资产收益率如表 6-5 所示。计算可得市场平均收益率 R_m 为 4.8%。

表 6-5 可比公司净资产收益率

证券代码	可比公司	ROE（%）
300640	德艺文创	3
600576	祥源文化	1
301025	读客文化	5
002445	中南文化	10
001330	博纳影业	5

数据来源：同花顺 iFinD 软件生成。

(3) β 系数的确定。β 系数采用可比公司法，具体计算过程如下：

$$\beta_e = \beta_u \times \left[1 + (1-t) \times \frac{D}{E}\right] \quad (6.3)$$

式中，β_e 为陕西历史博物馆文创 IP 权益资本的预期市场风险系数；β_u 为可比公司的预期市场风险系数；D 为付息债务；E 为权益资本。

用同花顺 iFinD 数据库中 β 值计算器对可比公司 2021 年 6 月 30 日至 2022 年 6 月 30 日的日收益率和沪深 300 指数 2021 年 6 月 30 日至 2022 年 6 月 30 日的日收益率进行回归可得到可比公司的预期市场风险系数，计算结果见表 6-7。

表 6-6 可比公司预期市场风险系数

可比公司	β
德艺文创	0.865 3
祥源文化	0.496 6
读客文化	0.526 6
中南文化	0.780 4
博纳影业	0.780 4

续表

可比公司	β
平均值	0.689 9

数据来源：同花顺 iFinD 软件生成。

将上述计算结果代入公式，得到陕西历史博物馆文创 IP 衍生品预期市场风险系数：

$$\beta_e = 0.689\ 9 \times [1+ (1-15\%) \times 0.887\ 7] = 1.210\ 4 \tag{6.4}$$

因此，折现率为：

$$R_e = 2.82\% + (4.8\% - 2.82\%) \times 1.210\ 4 = 5.22\% \tag{6.5}$$

本案例在预测未来收益时，以 3 个月为一个周期，故折现率 R_e 需转换为对应的季度折现率。最终测得季度折现率为：

$$r = (1 + 5.22\%)^{\frac{1}{4}} - 1 = 1.28\% \tag{6.6}$$

（四）分成率

经过前面的分析，在测算博物馆文创 IP 价值时，需要将其从衍生品的价值中分离出来，即测算分成率。本书采用的是层次分析法，具体的划分如图 6-9 所示。

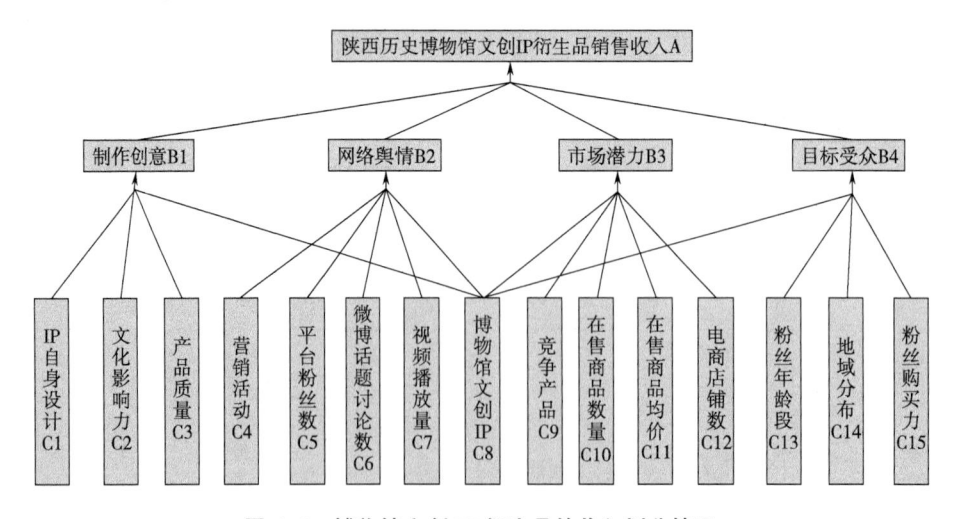

图 6-9　博物馆文创 IP 衍生品的收入划分情况

图片来源：yaahp 软件生成。

在上图的层次分析结构中可以看到，目标层为陕西历史博物馆文创 IP 衍生品的销售收入，用字母 A 表示；下面的二层和三层，即一级指标和二级指标，用 B 和 C 表示。二级指标是以一级指标为基础进行的详细划分，主要包括博物馆文创 IP、产品质量、IP 自身设计、竞争产品、粉丝购买力等 15 个影响因素。最后通过专家打分法计算博物馆文创 IP 在其衍生品的销售收入中的重要程度。相应的计算过程如表 6-7 所示。

已知，A 表示陕西历史博物馆文创 IP 衍生品销售收入，B1 表示制作创意，B2 表示网络舆情，B3 表示市场潜力，B4 表示目标受众，ω 表示各因素的权重。

表 6-7　对陕西历史博物馆文创 IP 衍生品的收入分解——A-B 分解

A	B1	B2	B3	B4	ω
B1	1	7	4	5	0.610 1
B2	1/7	1	1/3	1/2	0.070 6
B3	1/4	3	1	2	0.198 6
B4	1/5	2	1/2	1	0.120 7

对上表数据进行归一化处理之后，得到 λ_{max} = 4.045 4，CR = 0.017 0 < 0.1，即通过一致性检验。

将方案层各元素两两相互比较，计算得到的结果如表 6-8、表 6-9、表 6-10、表 6-11 所示。

已知，B1 表示制作创意，C1 表示 IP 自身设计，C2 表示文化影响力，C3 表示产品质量，C8 表示博物馆文创 IP。

表 6-8　B1-C 排列

B1	C1	C2	C3	C8	ω
C1	1	1/3	1/5	1/3	0.075 4
C2	3	1	1/4	2	0.203 2
C3	5	4	1	5	0.577 1
C8	3	1/2	1/5	1	0.144 2

对表 6-8 的数据进行归一化处理之后，得到 λ_{max} = 4.173 5，CR = 0.065 0 < 0.1，即通过一致性检验。

已知，B2 表示网络舆情，C5 表示平台粉丝数，C6 表示微博话题讨论数，

C7 表示视频播放量，C8 表示博物馆文创 IP，C4 表示营销活动。

表 6-9 B2-C 排列

B2	C5	C6	C7	C8	C4	ω
C5	1	1/3	5	2	3	0.237 4
C6	3	1	3	5	6	0.466 4
C7	1/5	1/3	1	1/2	1/3	0.070 7
C8	1/2	1/5	2	1	1/2	0.096 4
C4	1/3	1/6	3	2	1	0.129 1

对表 6-9 数据进行归一化处理之后，得到 λ_{max} = 5.422 2，CR = 0.942 0 < 0.1，即通过一致性检验。

已知，B3 表示市场潜力，C8 表示博物馆文创 IP，C10 表示在售商品数量，C11 表示在售商品均价，C12 表示电商店铺数，C9 表示竞争产品。

表 6-10 B3-C 排列

B3	C8	C10	C11	C12	C9	ω
C8	1	3	4	2	7	0.418 2
C10	1/3	1	2	1/3	4	0.153 2
C11	1/4	1/2	1	1/5	1/2	0.066 4
C12	1/2	3	5	1	3	0.284 2
C9	1/7	1/4	2	1/3	1	0.078 0

对表 6-10 数据进行归一化处理之后，得到 λ_{max} = 5.304 2，CR = 0.067 9 < 0.1，即通过一致性检验。

已知，B4 表示目标受众，C8 表示博物馆文创 IP，C13 表示粉丝年龄段，C14 表示地域分布，C15 表示粉丝购买力。

表 6-11 B4-C 单排列

B4	C8	C13	C14	C15	ω
C8	1	4	5	2	0.486 3
C13	1/4	1	1/4	1/5	0.071 0
C14	1/5	4	1	1/2	0.161 2
C15	1/2	5	2	1	0.281 6

对表 6-11 数据进行归一化处理之后，得到 λ_{max} = 4.245 1，CR = 0.091 8 < 0.1，即通过一致性检验。

通过上述计算可知陕西历史博物馆文创 IP 占其相关衍生品的具体权重如表 6-12 所示。

表 6-12　C7 陕西历史博物馆文创 IP 在各准则层中的权重

ω	B1	B2	B3	B4
C8	0.144 2	0.096 4	0.418 2	0.486 3

陕西历史博物馆文创 IP 占陕西历史博物馆文创 IP 衍生品销售收入权重为：

ω_i = 0.610 1 × 0.144 2 + 0.070 6 × 0.096 4 + 0.418 2 × 0.198 6 + 0.120 7 × 0.486 3 = 0.236 6

（五）评估结果

根据前面预测的陕西历史博物馆文创 IP 衍生品的未来收益，计算可得每季度未来收益平均增长率约为 1.67%。本书假设陕西历史博物馆文创 IP 衍生品在 2025 年 6 月 30 日以后的稳定年未来收益增长率为 1%。

经过上述分析，在评估基准日 2022 年 6 月 30 日，可以通过计算得到陕西历史博物馆文创 IP 的估值为：

$$V = \left[\sum_{t=1}^{n} \frac{FCFF_t}{(1+r)^t} + \frac{FCFF_{n+1}}{r-g} \times \frac{1}{(1+r)^n}\right] \times \omega_i$$

$$= \left[\frac{470.61}{1+1.28\%} + \frac{478.19}{(1+1.28\%)^2} + \frac{485.96}{(1+1.28\%)^3} + \frac{493.89}{(1+1.28\%)^4} + \right.$$

$$\frac{502.01}{(1+1.28\%)^5} + \frac{510.31}{(1+1.28\%)^6} + \frac{518.81}{(1+1.28\%)^7} + \frac{527.51}{(1+1.28\%)^8} +$$

$$\frac{536.42}{(1+1.28\%)^9} + \frac{545.55}{(1+1.28\%)^{10}} + \frac{554.91}{(1+1.28\%)^{11}} + \frac{564.51}{(1+1.28\%)^{12}} +$$

$$\left.\frac{564.51 \times (1+1\%)}{(1.28\%-1\%) \times (1+1.28\%)^{12}}\right] \times 0.236\ 5$$

$$= 42\ 778.14\ (万元) \tag{6.7}$$

因此，陕西历史博物馆文创 IP 的估值为 42 778.14 万元。

四、本章小结

由于受到案例数据的限制，本章仅选取了陕西历史博物馆艺术类文创 IP 进行案例分析，并对陕西历史博物馆采用第三章构建的艺术类文创 IP 价值评估模型进行估算。首先，本书从原仓 IP 数据中获取了陕西历史博物馆的衍生品收益情况、粉丝情况以及平台情况。其次，在收益额预测方面，将陕西历史博物馆的数据带入艺术类文创 IP 衍生品收益模型，获得陕西历史博物馆的未来衍生品收益，并且通过层次分析法提取出陕西历史博物馆的未来收益。在折现率方面，艺术类文创 IP 的收入不仅受自身因素的影响，而且与企业的品牌、产业链的营销模式和整个行业的发展等息息相关，故本章选取了股权资本成本作为文创 IP 的折现率。但是由于陕西历史博物馆是事业单位，且非上市企业，无法获取其股权资本成本，故本章通过可比公司的折现率来求取陕西博物馆的折现率，在收益期方面，由于历史博物馆隶属于国家，是事业单位，故陕西历史博物馆 IP 的收益期为无限期。本章设前 3 年为高速增长期，剩余期限为稳定期。最后，本章得到案例陕西历史博物馆 IP 价值为 42 778.14 万元。

第七章　社交类文创 IP 价值评估案例分析

此部分选取猪小屁社交类文创 IP 进行案例分析，将通过对猪小屁社交类文创 IP 案例进行剖析、计算以及应用，验证第三章中提出的社交类文创 IP 价值预测模型的合理性，期望为资产评估师评估社交类文创 IP 价值提供帮助。

一、猪小屁 IP 所属公司简介

北京震惊文化传播有限公司（以下简称"震惊文化"）是新媒体行业的领先者，成立于 2012 年，注册资本 100 万元人民币，注册地址为北京市朝阳区，是一家专注数字创意，用新技术打造新 IP，塑造更多为世界所认知的中华文化形象的 MCN 机构。公司业务主要集中于微博、微信、抖音、快手、B 站、小红书等移动新媒体领域，主要经营范围包括 IP 研发、IP 生产、IP 经营、影视策划、文艺创作、技术开发、产品设计以及组织文化艺术交流活动等。公司旗下拥有猪小屁、唐唐、翔翔大作战、大爱猫咪控、红鹤笔记等 100 余个 IP，用户累计超过 5 亿。公司拥有注册商标信息共 362 项，拥有相关软件著作权 10 项，拥有相关作品著作权 63 项。

创办之初，公司的定位是短视频生产平台，专注于短内容产品研发、生产及 IP 经营，经历了从微博、微信，再到抖音和快手等平台间的迭代。从创办到现在，公司经历过两轮融资，第一轮是在 2014 年获得的李开复创新工场 A 轮投资，第二轮是在 2016 年获得的 SIG 的 B 轮投资。经过 B 轮融资，震惊文化旗下拥有"当时我就震惊了""娱乐圈扒姐""吃喝玩乐在北京"等多个新媒体品牌。同时还拥有全网播放量名列前位的短视频品牌 BIG 笑工坊。据了解，BIG 笑工坊依靠其推出的《唐唐脱口秀》《唐唐神吐槽》《唐唐嘻游路》等几档节目，全网播放量已破百亿。除此之外，还推出《深扒全明星》《瞎看什么》等近 30 档节目。B 轮融资完成后，震惊文化也在探寻更多样化的变现模式。公司认为,形象类IP会是一个适合的发力点,对标Line,围绕形象延伸出的授权、周边、线下体验都是不错的盈利途径。公司的商业化模式包括广告植入、品牌授权、周边产品开发、游戏联运等。

二、猪小屁原创形象IP及衍生品的介绍

(一) 猪小屁原创形象IP介绍

猪小屁是震惊文化旗下的原创形象IP,采用虚拟3D与真人实景结合的独特形式,开发难度系数较高。2017年,在抖音平台上线原创短视频,引起大量用户关注。猪小屁形象IP上线5年来已合作超过200个品牌,全网粉丝量达3 500余万,视频总播放量达40亿次以上。公司同时拥有猪小屁之家的系列衍生IP,建立起自身的商业化竞争力。

猪小屁原创形象IP的发展主要得益于形象设定和IP运营两方面。在形象设定方面,猪小屁与婴儿相似,头身比较小、眼睛大、手短、身体圆润,这样的虚拟形象会让人潜意识产生好感,尤其吸引年轻女性群体;在IP运营方面,运营团队对猪小屁的上线时点提前布局,其形象载体为一只圆润的小猪,与中国传统生肖中的猪年相呼应,其凭借可爱的动作和小奶音快速获得粉丝喜爱,自带亲和力。此外,猪小屁形象IP运营团队及时根据粉丝线上的反馈制作剧情短视频,同时配套发售周边产品,衍生品开发途径不断丰富。

(二) 猪小屁形象IP衍生品介绍

猪小屁原创形象IP在有了大量粉丝基础后开始了IP衍生品的开发,衍生品主要包括衍生周边和品牌联名商品等。

1. 衍生周边

猪小屁的衍生周边以猪小屁原创形象为载体,分为实物商品和虚拟产品两部分。

其中,实物商品主要是毛绒公仔、钥匙扣、盲盒等文创衍生品,在淘宝、京东、天猫、亚马逊等多个电商平台发售。

除实物商品外,猪小屁还配套产出虚拟产品。虚拟产品主要是指与微信、B612、微博、抖音、搜狗输入法等平台合作推出的表情包、贴纸等线上周边

衍生品。公司通过推出虚拟产品积累大量原创形象素材，在巩固原有粉丝群体的基础上拓展更多用户群体。

2. 品牌联名商品

猪小屁原创形象 IP 与各品牌合作联名，针对不同的粉丝群体推出不同的联名商品，精准带货。将 IP 价值附着于实用化的产品上，通过消费者对品牌价值的认同感来实现 IP 价值；与此同时，联名商品品牌知名度的提升也能为 IP 积累更多的粉丝，增强产品竞争力。

具体来看，2019 年，猪小屁原创形象 IP 曾与北京市政交通一卡通合作推出联名主题交通卡，将猪小屁形象印在卡面上，预订量几分钟内高达 4 位数，上线一个月内抢购一空；2020 年，与气味图书馆合作推出联名香水，在香水产品外身带上猪小屁形象 IP 元素，靶向定位年轻女性粉丝群体，以产品为载体和内容结合，刺激粉丝消费；2021 年，与护肤品牌韩后合作推出联名护肤品礼盒，在礼盒外包装上印有猪小屁形象，通过抖音、微博、微信等媒介平台进行前期的推广宣传，吸引用户购买。可以看出，猪小屁形象 IP 合作渠道广泛，具有较高的商业价值。

三、改进文创 IP 价值评估方法在原创形象 IP 中的应用

（一）收益期

无形资产的收益期限通常根据其法定寿命和剩余经济寿命孰短加以判断确定，而原创形象 IP 这类无形资产获取收益的期限取决于消费者愿意付费购买衍生品的期限，其剩余经济寿命往往短于法定寿命，因此需要结合具体 IP 的未来收益情况和存续能力进行单个判断调整。

通过本书第三章对原创形象 IP 价值链的阐述以及查询网络公开资料可知，近年来我国原创形象 IP 的发展路径都大相径庭，分析各原创形象 IP 的生命周期对确定本案例形象 IP 的收益期具有较强的参考意义。下面对与猪小屁原创形象 IP 在发展路径、艺术创作方面相类似的几个形象 IP 的生命周期进行探析（见表 7-1），进而得出我国原创形象 IP 剩余经济寿命的一般规律，最终类比确定猪小屁原创形象 IP 的收益期。

表 7-1　原创形象 IP 生命周期及发展路径

原创形象 IP 名称	生命周期		
	萌芽期	成长期	成熟期
兔斯基（由王卯卯创作的动画形象IP，其形象为一只由黑白线条勾勒成的眯眼兔子）	2006—2010年： (1) 发行书刊《我，兔斯基，你》； (2) 定期发布兔斯基小漫画	2011—2014年： (1) 在各大社交媒体平台上线多款表情包； (2) 举办线下主题展演	2015—2018年： (1) 推出动漫新番《遇贱兔斯基》； (2) 以人偶形式参与综艺节目录制
阿狸（由徐瀚创作的动画形象IP，其形象为一只没有尾巴、身穿短裤的红色小狐狸）	2006—2009年： (1) 定期在杂志上发布小故事； (2) 推出《阿狸·梦之城堡》《阿狸·尾巴》《阿狸·永远站》等多部绘本	2010—2015年： (1) 推出表情包、输入法皮肤、手机壁纸等多款互联网虚拟增值产品； (2) 生产制作毛绒玩具、儿童服饰等IP实体衍生品	2016—2019年： (1) 由融创文化集团战略控股； (2) 以阿狸为主角，发行一款音乐节奏与动作相结合的游戏
炮炮兵（由卡米文化有限公司创立的卡通形象IP，其形象为一只头戴绿色头盔，身穿短裤的小男孩）	2005—2010年： (1) 在BBS社区论坛上发布表情包； (2) 发布《炮炮向前冲》系列漫画	2011—2014年： (1) 发行《炮炮兵之下一站新天地》《炮炮向前冲》等书籍； (2) 出品炮炮兵动画片	2015—2018年： (1) 与军旅合作推出特种兵夏令营项目； (2) 在全国各大商场举办线下展演活动
猪小屁（震惊文化旗下原创形象IP，其形象为一只拥有圆润身体的可爱小猪）	2016—2019年： 在抖音等短视频社交平台发布动画视频；	2020—2024年： (1) 上线微信表情包、入驻B612咔叽相机App，发布贴纸； (2) 进行衍生品开发与销售，包括智能机器人、公仔和钥匙扣等	2025—2029年： (1) 进行多元化的衍生品开发，涉及动漫剧集、主题乐园等； (2) 与各大品牌继续合作推出联名商品

数据来源：作者根据网络公开资料自行整理。

从对以往我国社交类原创形象 IP 的发展历程的分析可以发现，我国原创形象 IP 呈现出比较明显的生命周期。

在萌芽期，主要进行原创形象 IP 的营销推广工作。通过发行书刊、发布漫画和表情包等方式增大IP曝光度，为IP积累粉丝群体，助力IP后期变现。

在成长期，中心任务是打通IP变现的多元渠道。在各大社交媒体平台持续上线表情包，同步推出手机壁纸、输入法皮肤等互联网虚拟增值产品；制作原创动画，将形象IP3D化，拓展IP变现路径。

在成熟期，IP变现能力达到相对稳定的阶段。此时原创形象IP已有稳定的消费群体，其衍生产品的销量和收入也处于一种较稳定的状态。而若干年后随着互联网的不断发展，网络上将出现各种吸引消费者的新兴形象IP，原有形象IP逐渐被更符合大众审美的新兴形象IP所取代，原有形象IP的关注度开始下降，相应衍生周边产品的销量也大不如前，收益能力大幅下降。

综上所述，选取兔斯基、阿狸和炮炮兵经济寿命的平均值作为猪小屁原创形象IP的收益期，即12年。猪小屁原创形象IP于2017年诞生，截至2022年年中，距评估基准日已过去5.5年，故其剩余经济寿命为6.5年。结合猪小屁目前的市场表现，本书认为其现处于成长期，预计2.5年后（即2025年）的预期收益将达到相对稳定的成熟期。

（二）未来预期收益

结合手工收集的原仓IP历史数据进行变量的未来预测，将预测结果代入到本书建立的未来收益预测模型中以确定未来预期收益。具体预测方法是先计算历史数据的平均增速，以2022年6月30日的数据为基准数据，分别乘上计算出的平均增速对各变量做预测；而进入成熟期后销售收入达到相对稳定的状态，以2024年12月的销售收入作为稳定值计算。

1. 猪小屁原创形象IP相关历史数据分析

猪小屁原创形象IP相关历史数据具体情况如表7-2所示。

表7-2　猪小屁原创形象IP历史数据

时　点	2020-09	2020-12	2021-03	2021-06	2021-09	2021-12	2022-03	2022-06	平均增速（%）
微博粉丝数（万）	154.72	154.81	155.64	181.61	209.68	208.70	209.10	208.40	4.59
在售商品类目数（个）	227	2 613	2 990	2 097	1 169	28	24	26	126.84

续表

时　点	2020-09	2020-12	2021-03	2021-06	2021-09	2021-12	2022-03	2022-06	平均增速（%）
类目均价（元）	29.11	40.04	37.9	31.95	39.96	35.29	32.68	33.95	3.77
电商店铺数（个）	74	770	975	698	422	364	273	255	121.98
播放量（万）	36 040.51	39 041.66	41 042.51	89 044.27	48 328.65	150 358.69	153 300.00	156 400.00	42.83

数据来源：作者根据原仓 IP 网站数据自行整理。

注：本表所收集历史数据中类目均价、在售商品类目数、电商店铺数为当月更新的统计数，其余数据均为持续累计更新的时点数。

从所收集到的历史数据来看，猪小屁原创形象 IP 的在售商品类目数和电商店铺数在 2020 年 12 月—2021 年 9 月有较大波动，而从 2021 年 12 月开始恢复正常。考虑到原创形象 IP 与互联网相互依存，且受特殊事件影响较大，其短期内呈现出的状态更具有参考价值。故预测在售商品类目数和电商店铺数时，可使用 2021 年 12 月到 2022 年 6 月的平均增速对未来增速进行预测。本书对在售商品类目数的平均增速取 10%，对电商店铺数的平均增速取 15%。对猪小屁原创形象 IP 未来数据基于此进行预测。

2. 猪小屁原创形象 IP 关未来数据预测

猪小屁原创形象 IP 相关未来数据预测结果如表 7-3 所示。

表 7-3　猪小屁原创形象 IP 未来数据

时　点	2022-09	2022-12	2023-03	2023-06	2023-09
微博粉丝数（万）	217.97	227.97	238.43	249.38	260.82
在售商品类目数（个）	29	31	35	38	42
类目均价（元）	35.23	36.56	37.93	39.36	40.85
电商店铺数（个）	293	337	388	446	513
播放量（万）	223 379.10	319 042.35	455 673.87	650 818.54	929 534.92

续表

时　点	2023-12	2024-03	2024-06	2024-09	2024-12
微博粉丝数（万）	272.79	285.31	298.41	312.10	326.43
在售商品类目数（个）	46	51	56	61	67
类目均价（元）	42.39	43.98	45.64	47.36	49.15
电商店铺数（个）	590	678	780	897	1 032
播放量（万）	1 327 613.02	1 896 170.11	2 708 214.69	3 868 021.52	5 524 521.58

数据来源：作者自行计算整理。

3. 猪小屁原创形象 IP 衍生品销售收入的预测

将上述测算出的相关未来数据代入到未来收益预测模型（7.1）中，得到猪小屁原创形象 IP 衍生品的未来销售收入。预测频率为 3 个月一次，以基准预测时点数据作为 3 个月的平均值，故总额为将各基准预测时点的销售收入分别乘上三倍加总后的结果。其中，猪小屁原创形象 IP 粉丝地域分布取值为 1；粉丝男女比例取值为 0，即女性粉丝用户更多；粉丝属性取值为 3；文创 IP 年龄取值以评估基准日的取值 6 为基准，每预测一次增加 0.25。未来 2.5 年后的成熟期数据以 2024 年 10—12 月这一时段的数据为基准，保持稳定。具体计算结果见表 7-4。

$$IPSales = -35.742 + 47.619\ln Fannum + 74.273 Fanlocal + (-152.433) Fangender + 8.454 Fanquality + (-2.643) age + (-0.073) Goodsnum + (-1.021) Goodsprice + 0.552 Shopnum + 0.00\ln Playbackvolume + \varepsilon \quad (7.1)$$

表 7-4　猪小屁原创形象 IP 衍生品的未来销售收入

（单位：万元）

时　段	IPSales
2022-06—2022-09	849.627 2
2022-10—2022-12	918.580 4
2023-01—2023-03	998.244 2
2023-04—2023-06	1 090.245 5
2023-07—2023-09	1 196.456 4

续表

时　段	IPSales
2023-10—2023-12	1 319.030 6
2024-01—2024-03	1 460.445 9
2024-04—2024-06	1 623.553 0
2024-07—2024-09	1 811.631 6
2024-10—2024-12	2 028.454 3
2025-01—2028-12	24 341.451 5

数据来源：作者自行计算整理。

(三) 折现率

猪小屁形象 IP 所属公司震惊文化暂未上市，财务报表没有对外公开，本书难以获取测算折现率所需的相应数据。因此，本书假设案例 IP 企业的收益率维持在行业平均水平，通过测算可比公司的 β 值及平均 ROE，进而求出猪小屁形象 IP 的折现率。

1. 可比公司选取

为确保可比性，本书选取了与震惊文化在主营业务和盈利模式等方面相近的几家上市公司作为参考，将他们各自的折现率作为猪小屁原创形象 IP 折现率确定的依据。

受新冠疫情影响，近两年文化传媒业大多数上市公司均处于亏损状态，净资产收益率小于 0。经综合考虑，最终选取的可比公司为以下 5 家。

(1) 妙音数科。妙音数科即北京妙音数科股份有限公司，成立于 2002 年，于 2018 年 2 月 14 日在新三板挂牌上市，是经过认定的国家重点动漫企业。公司主要从事数字动漫制作以及原创影视类文创 IP 衍生品的开发与销售，是一家以弘扬中华传统美德为教育主题的动画原创企业。

(2) 青藤文化。青藤文化即北京青藤文化股份有限公司，成立于 2011 年，于 2016 年 8 月 26 日在新三板挂牌上市。公司主要从事原创 IP 视频内容的策划、制作与发行，以及相应的 IP 衍生品开发业务，是一家以原创形象 IP 为核心的互联网传媒企业。

（3）杰外动漫。杰外动漫即北京杰外动漫文化股份有限公司，成立于2010年，于2016年2月24日在新三板挂牌上市。公司主要从事国内外动漫和幼教IP的创作、投资、运营以及IP衍生品的授权开发业务等，是一家专注于影视类文创IP运营的文化企业。

（4）果麦文化。果麦文化即果麦文化传媒股份有限公司，成立于2012年，于2021年8月30日在深交所挂牌上市。公司主要从事IP衍生与运营业务，具有丰富的策划设计经验以及完善的营销渠道，是一家致力于为大众提供多种载体形态的文化产品的企业。

（5）美盛文化。美盛文化即美盛文化创意股份有限公司，成立于2002年，于2012年9月在深交所挂牌上市。公司主要从事IP衍生品的设计、研发与生产，涉足动漫、游戏、宣发等领域，在文创IP产业链上下游都有战略布局，是一家生态型文化企业。

以上5家公司的主营业务均为数字文化创意、影视类文创IP衍生产品的销售等文化娱乐业务，处于正常经营状态，因此，本书将上述公司作为猪小屁原创形象IP所属公司震惊文化的可比公司。

2. 折现率的计算

折现率采用资本资产定价模型确定：

$$R_e = R_f + (R_m - R_f) \times \beta \tag{7.2}$$

（1）无风险收益率 R_f 的确定。结合我国原创形象IP的平均收益期，将10年期的国债到期收益率作为无风险收益率 R_f。经查询得，无风险收益率 R_f 为2.82%。

（2）行业平均收益率 R_m 的确定。将与震惊文化处于同一行业的5家上市公司的平均 ROE 作为行业平均收益率 R_m，具体可比公司净资产收益率如表7-5所示。

表7-5 可比公司净资产收益率

证券代码	可比公司	ROE（%）
872610	妙音数科	9.20
839044	青藤文化	9.51
835948	杰外动漫	2.63
301052	果麦文化	2.91

续表

证券代码	可比公司	ROE（%）
002699	美盛文化	2.99

数据来源：同花顺 iFinD 数据库。

计算可得行业平均收益率 R_m 为 5.45%。

(3) β 系数的确定。β 系数采用可比公司法，具体计算过程如下：

$$\beta_e = \beta_u \times \left[1 + (1-t) \times \frac{D}{E}\right] \quad (7.3)$$

式中，β_e 为标的公司即震惊文化权益资本的预期市场风险系数；β_u 为可比公司的预期市场风险系数；D 为付息债务；E 为权益资本。

用同花顺 iFinD 数据库中 β 值计算器对可比公司 2021 年 6 月 30 日至 2022 年 6 月 30 日的日收益率和沪深 300 指数 2021 年 6 月 30 日至 2022 年 6 月 30 日的日收益率进行回归，可得到可比公司的预期市场风险系数计算结果见表 7-6。

表 7-6 可比公司预期市场风险系数

可比公司	β
妙音数科	0.556 6
青藤文化	0.384 2
杰外动漫	0.472 4
果麦文化	0.118 3
美盛文化	0.607 6
平均值	0.427 8

数据来源：同花顺 iFinD 数据库。

将上述计算结果代入公式得到震惊文化预期市场风险系数：

$$\beta_e = 0.427\ 8 \times [1 + (1-15\%) \times 0.141\ 6] = 0.479\ 3 \quad (7.4)$$

因此，折现率为：

$$R_e = 2.82\% + (5.45\% - 2.82\%) \times 0.479\ 3 = 4.08\% \quad (7.5)$$

因本案例评估对未来收益的预测是以三个月为一个周期，故折现率 R_e 需转换为对应的季度利率。最终测得季度利率为：

$$r = (1 + 4.08\%)^{\frac{1}{4}} - 1 = 1.0048\% \tag{7.6}$$

（四）分成率

采用层次分析法测算 IP 价值占 IP 衍生品销售收入的比重，即 IP 分成率。目标层为影响猪小屁 IP 衍生品销售收入评估体系，用 A 表示；第二层和第三层分别对应一级指标和二级指标，用 B 和 C 表示。其中，一级指标包括制作创意、网络舆情、市场潜力以及目标受众，分别下设几个二级指标，具体评估体系如图 7-1 所示。

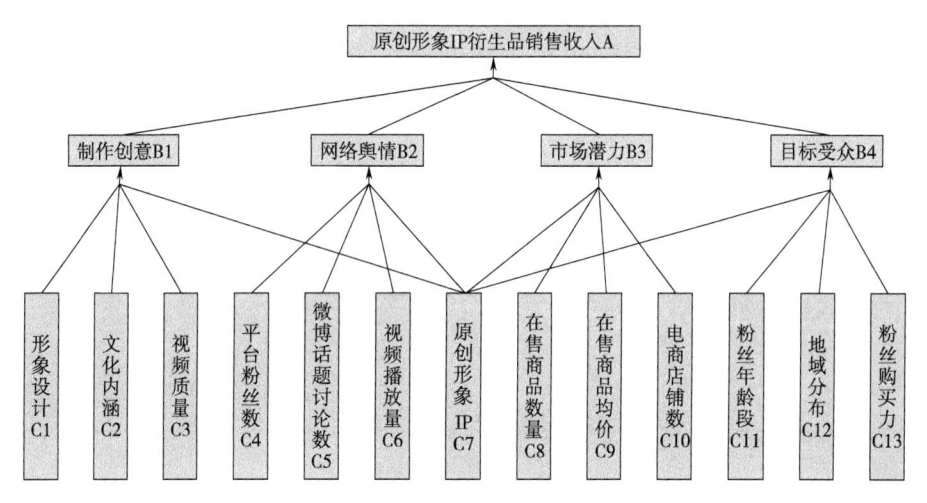

图 7-1 猪小屁原创形象 IP 衍生品销售收入评估体系

图片来源：由 yaahp 软件生成。

采用专家打分法确定各指标的相对重要程度并构建判断矩阵，最终得到的判断矩阵计算结果如下。

1. 构造猪小屁原创形象 IP 衍生品销售收入评估体系判断矩阵

已知 B1 表示制作创意，B2 表示网络舆情，B3 表示市场潜力，B4 表示目标受众。构造猪小屁原创形象 IP 衍生品销售收入评估体系的判断矩阵如表 7-7 所示。

表 7-7 小屁原创形象 IP 衍生品销售收入评估体系判断矩阵

A	B1	B2	B3	B4	ω
B1	1	4	5	3	0.5342

续表

A	B1	B2	B3	B4	ω
B2	1/4	1	3	2	0.219 4
B3	1/5	1/3	1	1/3	0.076 3
B4	1/3	1/2	3	1	0.170 1

数据来源：yaahp 软件生成。

使用 yaahp 软件对特征向量进行归一化处理后得到计算结果如下：

最大特征值 λ_{max} = 4.163 5，CR = 0.061 3<0.1，该判断矩阵通过一致性检验。

2. 构造制作创意因素的判断矩阵

已知 C1 表示形象设计，C2 表示文化内涵，C3 表示视频质量，C7 表示原创形象 IP。构造判断矩阵如表 7-8 所示。

表 7-8 制作创意因素判断矩阵

B1	C1	C2	C3	C7	ω
C1	1	3	5	3	0.505 0
C2	1/3	1	3	1/3	0.164 2
C3	1/5	1/3	1	1/2	0.086 7
C7	1/3	3	2	1	0.244 1

数据来源：yaahp 软件生成。

使用 yaahp 软件对特征向量进行归一化处理后得到计算结果如下：

最大特征值 λ_{max} = 4.252 6，CR = 0.094 6<0.1，该判断矩阵通过一致性检验。

3. 构造网络舆情因素的判断矩阵

已知 C4 表示平台粉丝数，C5 表示微博话题讨论数，C6 表示视频播放量，C7 表示原创形象 IP。构造判断矩阵如表 7-9 所示。

表 7-9 网络舆情因素判断矩阵

B2	C4	C5	C6	C7	ω
C4	1	1/2	3	3	0.276 8
C5	2	1	5	5	0.506 0

续表

B2	C4	C5	C6	C7	ω
C6	1/3	1/5	1	1/3	0.078 8
C7	1/3	1/5	3	1	0.138 3

数据来源：yaahp 软件生成。

使用 yaahp 软件对特征向量进行归一化处理后得到计算结果如下：

最大特征值 λ_{max} = 4.163 7，CR = 0.061 3<0.1，该判断矩阵通过一致性检验。

4. 构造市场潜力因素的判断矩阵

已知 C7 表示原创形象 IP，C8 表示在售商品数量，C9 表示在售商品均价，C10 表示电商店铺数。构造判断矩阵如表 7-10 所示。

表 7-10 市场潜力因素判断矩阵

B3	C7	C8	C9	C10	ω
C7	1	1/3	2	1/3	0.144 3
C8	3	1	5	4	0.536 6
C9	1/2	1/5	1	1/2	0.091 1
C10	3	1/4	2	1	0.227 9

数据来源：yaahp 软件生成。

使用 yaahp 软件对特征向量进行归一化处理后得到计算结果如下：

最大特征值 λ_{max} = 4.222 9，CR = 0.083 5<0.1，该判断矩阵通过一致性检验。

5. 构造目标受众因素判断矩阵

已知 C7 表示原创形象 IP，C11 表示粉丝年龄段，C12 表示地域分布，C13 表示粉丝购买力。构造判断矩阵如表 7-11 所示。

表 7-11 目标受众因素判断矩阵

B3	C7	C11	C12	C13	ω
C7	1	1/2	1/3	2	0.163 2

续表

B3	C7	C11	C12	C13	ω
C11	2	1	3	5	0.474 2
C12	3	1/3	1	3	0.278 1
C13	1/2	1/5	1/3	1	0.084 4

数据来源：yaahp 软件生成。

使用 yaahp 软件对特征向量进行归一化处理后得到计算结果如下：

最大特征值 $\lambda_{max} = 4.205\ 3$，$CR = 0.076\ 9 < 0.1$，该判断矩阵通过一致性检验。

6. 猪小屁原创形象 IP 衍生品销售收入评估体系综合权重

猪小屁原创形象 IP 衍生品销售收入评估体系综合权重如表 7-12 所示。

表 7-12 猪小屁原创形象 IP 衍生品销售收入评估体系综合权重

目标层	一级指标	一级指标权重	二级指标	二级指标权重	ω_i
猪小屁原创形象 IP 衍生品销售收入评估体系	制作创意	0.534 2	形象设计	0.505 0	0.269 8
			文化内涵	0.164 2	0.087 7
			视频质量	0.086 7	0.046 3
			原创形象 IP	0.244 1	0.130 4
	网络舆情	0.219 4	平台粉丝数	0.276 8	0.060 7
			微博话题讨论量	0.506 0	0.111 0
			视频播放量（万）	0.078 8	0.017 3
			原创形象 IP	0.138 3	0.030 3
	市场潜力	0.170 1	原创形象 IP	0.144 3	0.024 5
			在售商品数量	0.536 6	0.091 3
			在售商品均价	0.091 1	0.015 5
			电商店铺数（个）	0.227 9	0.038 8
	目标受众	0.076 3	原创形象 IP	0.163 2	0.012 5
			粉丝年龄段	0.474 2	0.036 2
			地域分布	0.278 1	0.021 2
			粉丝购买力	0.084 4	0.006 4

数据来源：yaahp 软件生成。

将 IP 在各一级指标中的权重加总，最终得到在猪小屁原创形象 IP 衍生品销售收入中 IP 所占权重为 19.77%。

（五）猪小屁原创形象 IP 价值评估结果

将本书前面所求的相关参数代入到公式中，得到猪小屁原创形象 IP 的价值：

$$\begin{aligned}
V &= \left[\sum_{i=1}^{n} \frac{R_i}{(1+r)^i} + \frac{R_n}{(1+r)^{10}} (P/A, r, n-10) \right] \times \omega_i \\
&= \left[\frac{849.63}{(1+1.0048\%)} + \frac{918.58}{(1+1.0048\%)^2} + \frac{998.24}{(1+1.0048\%)^3} + \right.\\
&\quad \frac{1\,090.25}{(1+1.0048\%)^4} + \frac{1\,196.46}{(1+1.0048\%)^5} + \frac{1\,319.03}{(1+1.0048\%)^6} + \\
&\quad \frac{1\,460.45}{(1+1.0048\%)^7} + \frac{1\,623.55}{(1+1.0048\%)^8} + \frac{1\,811.63}{(1+1.0048\%)^9} + \\
&\quad \left. \frac{2\,028.45}{(1+1.0048\%)^{10}} + \frac{2\,028.45}{(1+1.0048\%)^{10}} \times 14.6907 \right] \times 19.77\% \\
&= 7\,793.51(\text{万元})
\end{aligned}$$

(7.7)

因此，猪小屁原创形象 IP 的估值为 7 793.51 万元。

四、本章小结

由于受到案例数据的限制，本章仅选取了猪小屁社交类文创 IP 进行案例分析，并对猪小屁采用了第三章构建的社交类文创 IP 价值评估模型进行估算。首先，本书从原仓 IP 数据中获取了猪小屁 IP 的衍生品收益情况、粉丝情况以及平台情况。其次，在收益额预测方面，将猪小屁 IP 的相关数据代入社交类文创 IP 衍生品收益模型，获得猪小屁 IP 的未来衍生品收益，并且通过层次分析法提取出猪小屁 IP 的未来收益。在折现率方面，社交类文创 IP 的收入不仅受自身因素的影响，而且与企业的品牌、产业链的营销模式和整个行业的发展等息息相关，故本章选取了股权资本成本作为文创 IP 的折现率。但是由于猪小屁原创形象 IP 所属公司为非上市企业，无法获取其股权资本成本，故本章利用可比公司的折现率来求取猪小屁 IP 的折现率。在收益期方面，根据猪小屁的发展情况，以及类似 IP 的发展趋势，本章将前 2.5 年设为高速增长期，后 3 年设为稳定期。最后，本章得到案例猪小屁原创形象 IP 的估值为 7 793.51 万元。

第八章 结论、建议与局限性

一、结 论

为了更好地助力文创IP的发展，促进文创IP的交易顺利进行，协助政府建设新文创IP交易平台，保障投资者的利益，本书提出了文创IP的定义，并结合文创IP的发展历程以及文创IP价值影响因素，探究了文创IP价值评估方法。具体可以分为以下几个部分。

第一，本书对文创产品、文创IP以及文创IP的价值等概念进行详细的界定，并且分别对游戏类文创IP、社交类文创IP、艺术类文创IP和影视类文创IP的发展历程进行了梳理和划分。结合游戏类文创IP、社交类文创IP、艺术类文创IP和影视类文创IP的发展历程和特点，本书总结出了文创IP价值影响因素，这为构建文创IP收益额预测模型提供了理论支撑。

第二，本书提出了文创IP的价值评估模型。首先，本书通过文创IP价值评估方法的适用性分析，判断出收益法最适合用于评估文创IP价值，但是采用传统的收益法对文创IP价值进行评估，可能存在较多不合理的地方，故本书对传统收益法进行改进，构建了文创IP价值评估模型。其次，本书从收益额预测、折现率确定和收益期限等方面对传统收益法进行改进。在收益额预测方面，本书对传统收益法改进的重点主要在于文创IP收益额的预测。众所周知，相比于其他无形资产，文创IP较多地受到互联网的影响，因此我们在选取文创IP衍生品收益额影响因素时，较多地考虑互联网的因素（如衍生品的平台粉丝数、平台曝光量、粉丝属性、网络商品个数、互联网商品个数、视频网站播放量等）。通过对文创IP衍生品收益额影响因素进行分析，并借助原仓IP数据库获取相关IP数据，构建了文创IP衍生品收益预测模型。通过文创IP衍生品收益预测模型可以获得未来的文创IP衍生品收益。本书借鉴层次分析法和专家打分法从文创IP衍生品未来收益中剖析出文创IP的未来收益。在折现率方面，折现率的判断也是文创IP价值评估中的重点，本书查找了近几年的资产评估报告，获得了专利权、专有无形资产、著作权等无形资产的资产评估报告，对其进行了详细的分析，参照其折现率选取方法，选择采用资本资产定价模型（CAPM）估算文创IP的折现率。在收益期方面，文创IP的收益期主要参照其他类似文创IP的生命周期进行判断。由此，按照不同的分类，本书提出了影视类文创IP的价值评估模型、游戏类文创IP的价值评估模型、社交类文创IP的价值评估模型、艺术类文创IP的价值评估模型。

第三，本书分别选取了影视类文创IP、游戏类文创IP、社交类文创IP、艺术类文创IP的案例进行分析。影视类文创IP案例分析中，本书选取了《铠甲勇士》IP和《大闹天宫》IP，将新构建的影视类文创IP价值评估模型运用到《铠甲勇士》IP和《大闹天宫》IP价值评估中。游戏类文创IP案例分析中，本书选取了《王者荣耀》IP和《原神》IP，将新构建的游戏类文创IP价值评估模型运用到《王者荣耀》IP和《原神》IP价值评估中。社交类文创IP案例分析中，本书选取了猪小屁原创IP，将新构建的社交类文创IP价值评估模型运用到猪小屁原创IP价值评估中。艺术类文创IP案例分析中，本书选取了陕西历史博物馆IP，将新构建的艺术类文创IP价值评估模型运到陕西历史博物馆IP价值评估中。通过六个文创IP价值评估案例分析，本书得到《大闹天宫》IP价值为8 171.27万元、《铠甲勇士》IP价值为5 961.81万元、猪小屁原创IP价值为7 793.51万元、《王者荣耀》IP价值为4 891 026.45万元、《原神》IP价值为161 241.47万元以及陕西历史博物馆IP价值为42 778.14万元。

二、建　议

首先，对资产评估机构和资产评估师的建议。文创IP为新型无形资产，且作为企业的重要资产，其的价值评估不容忽视。通常，资产评估机构以及资产评估师在评估文创IP价值时，可能存在收益期、折现率和收益额预测不合理的情况，导致评估结果与真实价格相差较大，使得投资者利益受损，同时也会导致资产评估机构和资产评估师面临被证监会处罚的风险。故资产评估机构和资产评估师可以采用本书提出的评估方法，与其他评估方法合理使用，以便更好地判断文创IP的价值，避免出现低估和高估的情况。

其次，对政府相关监管部门的建议。文创IP是较多互联网公司的重要资产，交易比较频繁，故对资产评估的需求较大。但是文创IP一直未有合适的评估方法，使得政府监管部门难以对资产评估结果进行判断。本书提出的文创IP价值评估模型，可以辅助政府监管部门判断资产评估机构和资产评估师出具的资产评估报告的真实性，加强政府对文创IP交易的监管。

再次，对投资者的建议。文创产业发展得较晚，但是发展速度较快，天使轮融资和A轮融资较多，但是文创IP收益期较短，收益额波动较大，较容易受到互联网的影响。故投资前对文创IP价值的初步评估不可或缺。本书提到的文创IP价值评估方法较为简单且便捷，数据均可通过原仓数据库获得。因此，投资者可以在购买或者交易文创IP时，对其进行简单的估值，了解其未来价值走向，选择合理的投资方案，规避投资风险。

最后，对新文创IP交易平台的建议。目前新文创IP交易平台刚刚建立，交易案例过少，平台上也未展示成功的交易案例，交易存在较多不恰当的地方。本书提出的影视类文创IP价值评估模型、游戏类文创IP价值评估模型、艺术类文创IP价值评估模型以及社交类文创IP价值评估模型，有利于新文创IP交易平台利用模型对平台上架的文创IP进行简单的估值，对交易价格进行把控，及时提醒购买者交易风险，避免交易过程中的风险，减少平台社会责任风险。

三、局限性

文创IP属于新型资产，发展历程较短，交易案例较少，公开数据较少，故理论界和实务界对文创IP、文创IP价值以及文创IP价值评估模型的研究寥寥无几，但是反观其他无形资产，尤其是其他知识产权的研究成果层出不穷。介于文创IP与其他知识产权存在一些相同点，本书借鉴了知识产权价值评估中的理论和方法，并通过分析文创IP的特点，构建了文创IP价值评估模型。相对其他文创IP价值评估方法，此模型更加简洁，且操作性更强，可以有效地估算出文创IP价值，帮助资产评估师解决文创IP价值估算难的问题。但是仍存在以下几点不足：

首先，本书仅考虑了文创IP的一部分变现途径，即衍生品的出售，将衍生品销售收入作为文创 IP 的收益。但是事实上，如前所述，文创 IP 的变现途径较多，如电影票房、游戏充值、乐园经营收益以及授权收益。由于数据存在局限性，这些变现途径的收益较难获取，故本书仅选取了衍生品销售收入来预测未来收益。若未来数据允许，如较多公司披露电影票房收入、游戏充值、乐园经营收益以及授权收益，将考虑加入这些变现途径，构建更加合理的文创 IP 价值模型。

其次，在构建文创 IP 收益额预测模型时，本书选取文创 IP 衍生品收益的影响因素，如 IP 的年龄、IP 的受众群体特征、IP 衍生品的销售收入、视频播放量以及平台曝光度等微观指标，未加入宏观因素。事实上，文创 IP 收益受国家政策和国家经济发展影响较大，因此，之后可以考虑在文创 IP 收益额预测模型中添加宏观因素，如人均 GDP、CIP 或者通货膨胀率等。

再次，书中判断文创 IP 的收益期主要是通过可比文创 IP 的生命周期进行的，虽然文创 IP 之间存在一定共性，但是仍存在一定差距。例如，虽然《铠甲勇士》与《巴啦啦小魔仙》存在较多相同点，但是其粉丝群体差距较大，《铠甲勇士》主要针对男性粉丝，而《巴啦啦小魔仙》主要针对幼年粉丝和女性粉丝，不同的粉丝群体带来的影响力和持久性必然存在差异，故采用《巴啦啦小魔仙》的收益期判断《铠甲勇士》存在不合理的地方。因此，若存在更好的对比案例，本书将重新对《铠甲勇士》IP 进行价值评估，为资产评估机构和资产评估师提供更合适的案例支持。

最后，本书提出采用文创 IP 所属公司的股权折现率作为文创 IP 的折现率，存在一定的不合理。通常，文创 IP 所属公司一般不止一个 IP，其旗下会同时运营较多的 IP，因此公司股权风险远远小于文创 IP 的风险。但是由于较多文创 IP 所属公司为非上市公司，其披露的文创 IP 风险相关的信息较少，因此我们获取判断文创 IP 风险的数据难度较大。

参考文献

[1] 张志红，付其媛．"奥飞动漫"动漫形象价值评估［J］．中国资产评估，2016（6）：20-32．

[2] 李小荣，刘晴．文化企业知识产权评估方法研究［J］．中国资产评估，2017（3）：21-27．

[3] 王军辉．浅谈文化企业价值评估［J］．中国资产评估，2013（2）：24-27．

[4] 梁美健，周阳．知识产权评估方法探究［J］．电子知识产权，2015（10）：72-76．

[5] 刘伍堂，王晓冉，肖霖之，等．科技成果知识产权评估指标体系及评估方法［J］．中国资产评估，2019（6）：30-39．

[6] 冉桂成，谭东丽．收益法在知识产权价值评估中的研究综述［J］．中国资产评估，2021（8）：10-15．

[7] 刘阳瑞，王尧，孙金铭．文化创意产业中知识产权评估方法的探讨［J］．会计师，2016（11）：17-18．

[8] 杨明轶．网络游戏版权价值评估研究及其应用［D］．武汉：中南财经政法大学，2019．

[9] 蔡尚伟，钟勤．论文化产业发展中的著作权评估问题［J］．西南民族大学学报（人文社会科学版），2012，33（1）：139-143．

[10] 何双男．中国大陆地区电影票房影响因素实证研究［J］．电影文学，2017（22）：4-8．

[11] 李满．城市电影票房影响因素的经验与实证研究［J］．传媒观察，2018（7）：73-78．

[12] 王同律．组合无形资产的分割AHP在无形资产评估中的应用［J］．中国资产评估，2005（2）：13-17．

［13］罗莹．动漫卡通 IP 的知识产权法保护分析［D］．广州：华南理工大学，2011．

［14］波特．竞争优势［M］．北京：华夏出版社，1997．

［15］李楠．自由现金流与企业价值评估问题探析［J］．市场研究，2015（4）：26-27．

［16］杨汉明，曾森．生命周期视角的自由现金流与现金股利政策研究［J］．学习与实践，2015（3）：79-89．

［17］周彬．基于层次分析法的企业商誉评估［M］．昆明：云南财经大学，2015．

［18］愈磊．基于超额收益法对昆明制药的无形资产评估研究［M］．青岛：青岛理工大学，2015．

［19］周娟．基于收益法的动漫企业价值评估的案例研究［M］．沈阳：辽宁大学，2015．

［20］王雅月．动漫形象价值评估：以奥飞娱乐为例［M］．武汉：中南财经政法大学，2019．

［21］涂俊仪，陆绍阳．从泛娱乐到新文创：IP 理念进化与文化价值承载［J］．新闻战线，2019（10）：46-47．

［22］王莹莹．浅析文化 IP 产业发展路径［J］．今古文创，2020（45）：43-44．

［23］张昕熠．虚拟网红形象的 IP 化发展研究［D］．湘潭：湘潭大学，2020．

［24］王瑞琪，薄建奎．中英知识产权评估准则的比较与探讨［J］．中国资产评估，2019（6）：26-39．

［25］曾意．影视版权价值评估：以评估我国电视剧网络信息传播权为例［D］．广州：暨南大学，2018．

［26］余炳文，李琛．电影著作权价值评估探析［J］．中国资产评估，2017（8）：24-32．

［27］周德强．基于 BP 神经网络的动画电影著作权价值评估：以《哪吒之魔童降世》为例［D］．南昌：江西财经大学，2020．

［28］李鸿桦．视频类自媒体 IP 价值评估：以"李子柒"为例［D］．南昌：江西财经大学，2022．

[29] 常冉．基于文化产业的著作权价值评估研究［D］．天津：天津商业大学．2018．

[30] 常丽，许向真．关于无形资产评估中折现率确定方法的探讨［J］．中国资产评估，2005（3）：4．

[31] 杨淋淋，高建来．无形资产评估中折现率确定方法探析［J］．财会通讯，2010（4）：85-86．

[32] 汪秋霞．泛娱乐IP价值评估研究［D］．杭州：浙江财经大学，2020．

[33] 李方丽，范宏达．收益法在电视剧版权价值评估中的应用［J］．中国广播电视学刊，2019（3）：84-87．

[34] 周芹．基于收益分成法的网络游戏著作权价值评估［D］．武汉：中南财经政法大学，2018．

[35] 陈琳文．基于灰色预测法的电子游戏版权价值评估研究：以《英雄无敌：战争纪元》为例［D］．天津：天津财经大学，2018．

[36] 余炳文．合理使用制度对网络著作权价值评估影响研究［J］．中国资产评估，2017（9）：29-34．

[37] 朱晓莉．博弈分配视角下游戏软件著作权价值评估研究［D］．重庆：重庆理工大学，2018．

[38] 肖晓帆，陈柏福．"互联网+"时代动漫产业整合与商业模式创新研究［J］．长沙大学学报，2020：36-41．

[39] 田莹莹，胡安琴．动漫价值评估探究［J］．商业会计，2012：51-53．

[40] 刘洪利．光影设计中艺术IP的商业价值研究［D］．北京：中央美术学院，2020．

[41] 葛瑶．基于IP形象构建的艺术玩具价值研究［D］．合肥：合肥工业大学，2021．

[42] 蒋昊原．基于TBCI模型的游戏投资价值评估［D］．济南：山东大学，2018．

[43] 陈久会．基于价值链的动漫电影成本管理研究［J］．老字号品牌营销，2021（10）：7-8．

[44] 谢洪军，朱晓莉．基于讨价还价的游戏软件价值评估研究［J］．中

国资产评估, 2018 (4): 42-46.

[45] 梁露茜. 浅谈IP形象设计理念在商业空间设计中的应用 [J]. 文化产业, 2022 (27): 163-165.

[46] 龚可昕. 浅谈中国IP (知识产权) 价值评估: 以网络文学影视改编版权为例 [J]. 纳税, 2017 (4): 85.

[47] 龚韬. 体育赛事IP价值提升路径研究 [J]. 当代体育科技, 2019, 9 (35): 231-233.

[48] 桑子文, 金元浦. 网络文学IP的影视转化价值评估模型研究 [J]. 清华大学学报 (哲学社会科学版), 2019, 34 (2): 184-202.

[49] 宁哲, 陈世豪, 袁犇. 网络文学IP影视改编版权价值评估 [J]. 现代商业, 2019 (8): 173-174.

[50] 董秋辰. 网络文学作品IP影视化价值评估研究 [D]. 重庆: 重庆理工大学, 2022.

[51] 李恒. 网络游戏产品价值评估研究 [D]. 昆明: 云南大学, 2015.

[52] 陈少峰, 李源. 文化产业领域IP孵化与艺术生产商业模式创新 [J]. 艺术百家, 2017, 33 (4): 94-99.

[53] 施颖莉, 刘强. 我国体育明星IP转化探析 [J]. 现代营销 (下旬刊), 2020 (8): 94-95.

[54] 孙璐. 艺术类文创IP产生与发展研究 [D]. 沈阳: 鲁迅美术学院, 2022.

[55] 周奇. 艺术微拍中艺术品的确真与价值评估问题 [D]. 昆明: 云南大学, 2020.

[56] 阮咏华. 影视企业及其价值评估应关注的问题 [J]. 中国资产评估, 2014 (10): 15-19.

[57] 姜旻旻. 中国影视业发展的"IP"价值 [J]. 西部广播电视, 2016 (15): 15-16.

[58] KHOURY S, DANIELE J, GERMERAAD P. Selection and application of intellectual property valuation methods in portfolio management and value extraction [J]. Les ouvel-less, 2001 (9): 77-86.

[59] PANDEY R. Intellectual property valuation: A critical aspect of IP secutitization [J]. Financial research, 2007 (4): 29-34.

[60] SEOL S-S. Some professional issues on the valuation of technology [J]. International journal of technology marketing, 2010 (2): 145-162.

[61] SMITH G-V. Valuation of intellectual property and intangible assets [J]. European of operational research, 1994 (6): 443-459.

[62] RAZGAITIS R. Intellectual property: valuation and dealmaking of technology-based intellectual property: principles, methods and tools [M]. NewYork: John Wiley & Sons, 2009.

[63] HINES P. Integrated materials management: the value chain redefined [J]. International journal of logistics management, 1993, 4 (1): 13-22.

后 记

《中华人民共和国国民经济和社会发展第十四个五年规划和2035年远景目标纲要》提出实施知识产权强国战略，实行严格的知识产权保护制度，完善知识产权相关法律法规，加快新领域新业态建设。知识产权保护水平的提升已经成为我国当前发展的重要问题。从1950年开始，我国陆续颁布了《保障发明权与专利权暂行条例》《商标注册暂行条例》等知识产权法规；2008年出台了《国家知识产权战略纲要》，将知识产权上升为国家战略；2021年我国发布《知识产权强国建设纲要（2021—2035年）》，代表我国朝着世界知识产权强国的发展更进一步。从实践来看，各地区、各有关部门持续推进知识产权战略实施，知识产权创造能力稳步提高，国内每万人口发明专利拥有量从"十二五"末的6.3件增加到15.8件，专利、商标、版权、植物新品种等知识产权数量位居世界前列，质量稳步提升。知识产权运用效益持续提高，交易运营更加活跃，转移转化水平不断提升，专利密集型产业增加值占国内生产总值（GDP）比重超过11.6%，版权产业增加值占GDP比重超过7.39%。无论从量上还是质上，我国知识产权都获得了飞跃式发展。从政策导向和实践情况来看，知识产权发展以及保护问题吸引了社会各界以及政府的关注，知识产权法律法规的完善有利于知识产权的发展和保护。其中，在大量的知识产权侵权案中，知识产权价值评估尤为重要。知识产权价值的判断，既有利于保护被侵权企业的利益，也可以保障我国知识产权法的公正公平性。

在知识产权价值的判断中，资产评估行业尤为重要。在知识产权侵权案中，法院或者被侵权企业会聘请资产评估机构对知识产权价值进行判断。那么，资产评估机构采用何种方法评估知识产权就尤为重要，知识产权评估中选取方法不同，可能会出现不同的价值结果，所以方法确定是重中之重，知识产权方法选取一直是社会各界和学者关注的问题。

从知识产权的定义来看，知识产权是"基于创造成果和工商标记依法产生的权利的统称"，由此可知，知识产权种类繁多，有著作权、专利权和商标权等。近年来，互联网基础建设全面覆盖，互联网用户规模稳步增加，用户依赖度提高，互联网行业稳步增长。在此背景下，我国提出了"互联网+"的概念。"互联网+"是对创新2.0时代新一代信息技术与创新2.0相互作用、共同演化，推进经济社会发展新形态的高度概括。"互联网+"行为计划将重点促进以云计算、物联网、大数据为代表的新一代信息技术与现代制造业、生产性服务业等的融合创新，发展壮大新兴业态，随着文创IP作为知识产权被人们所熟知，"互联网+文创IP"应运而生。"互联网+文创IP"模式下，公司或者平台对传统IP进行改编，短视频平台对传统IP进行视频化表达，电商做文创跨界消费品，使得文创IP爆火，成为较多公司的核心资产，尤其是在互联网公司资产中占比更高。

关注和研究文创知识产权（文创IP）价值评估这一重大问题，并进行持续的深入思考与探索，是我近年来学术研究和努力的重点。我以"文创IP价值评估方法及其应用研究"为题申报了2021年中国资产评估协会的青年项目，并获得立项资助。在进行本书撰写和课题研究过程中，我越来越认识到无形资产、知识产权以及文创IP问题研究的使命感和重大意义。近年来，文创IP发展突飞猛进，在中国文化产业发展和国民经济发展中扮演着重要的角色，为我国文化产业发展提供了新的增长点，文创IP作为一个新型资产受到了社会各界以及政府的广泛关注。目前文创IP较难衡量，且存在入账难的问题，而文创IP价值评估可以帮助文创IP解决入账难的问题。因此，本书探究了文创IP价值评估方法，旨在帮助中国企业了解文创IP价值和解决文创IP入账难的问题。

本书及课题研究成果的完成与出版正赶上新冠疫情暴发，国家遭遇了不可估量的损失，社会各业受到了不同程度的冲击，我们的生活和工作发生了翻天覆地的变化。写作期间经历了四次疫情管控，在管控期间，不得不居家办公，原先的线下教学也改为线上教学，给教学工作带来了较多困难。依稀记得第一次使用腾讯会议，第一次使用学习通，第一次和学生们直播上课，第一次参与线上监考，第一次开课题组线上会议。同时，科研工作也遇到许多困难，原本课题计划中包含专家访谈以及资产评估机构调研，但是因为疫情我们无法进行聚集活动，专家访谈和资产评估机构调研均改为问卷调查的模式。虽然问卷调查也可以反映实际情况，但是仍存在较多不足。除此之外，疫情也导致课题组成员无法进行线下沟通，相互间的沟通效率降低，增加了数据收集、处理以及文字撰写、校稿工作的难度，使得撰写课题和书籍的时间增加。居家工作使得生活和工作无界线，为了保证工作效率，建立了工作时间表，保证及时地进入工作状态。

新冠疫情给我们生活和工作带来了很多挑战和新问题，同时也给中国经济带来了新的增长点，例如，平台经济的快速崛起，对优化资源配置、推动产业升级、拓展消费市场以及增加就业，都起到了有力的推动作用。平台经济依托于互联网，是一种基于数字技术，由数据驱动、平台支撑、网络协同的经济活动单元构成的新经济系统。由于平台经济根植于互联网，其运作过程中天然就会产生大量无形资产，尤其是大量新型、混合型无形资产，如数据资产、数字资产、可辨认非货币资产等，这为我们后续研究无形资产、无形资产属性、无形资产价值以及无形资产价值评估提供了新的研究方向，拓宽了我们的研究领域。

本书的撰写，离不开身边的师长、领导、朋友、学生和家人的关心与鼓励支持！

首先，感谢首都经济贸易大学财政税务学院的领导们。本书从项目申请到出版成书，都离不开学院的李红霞院长、何辉副院长、陈蕾副院长的帮助。李红霞院长每次都会亲切地询问书籍的撰写情况，叮嘱早日完成书稿，也经常关心我的科研情况，为我的学术研究提供了很多帮助。每次在深夜撰写论文和书稿的时候，我都会想起李红霞院长对我的叮嘱。今年夏天有幸参与了陈蕾副院长在财政部资产评估中心和北京市社会科学的课题，向陈蕾副院长学习了很多国有企业境外投资风险及风险管理的相关知识以及数字化转型方面的知识，受益匪浅，希望有机会能和陈蕾副院长再次合作。

其次，感谢资产评估研究院的王竞达院长。王竞达老师是我的入职导师，她是一位美丽、自信、勤奋且优秀的老师。虽然我不是王老师的博士生，但是王老师对我无比关爱。感谢王老师四年来对我的培育、教导和帮助，一入职，王老师就带我积极参与到资产评估的学术研究和调研工作中，每年都有幸和王老师去资产评估事务所调研和学习，让我真正地了解到资产评估实务操作，也解答了我在授课、写论文以及撰写书籍时产生的疑问。王老师经常鼓励我们年轻老师多参加资产评估研讨会，了解资产评估的前沿动态；和资产评估机构多接触，了解资产评估实务最新动态。王老师也常邀请我参与他的课题研究，例如，参与北京市社会科学和北京市教委联合项目，让我学习到了 IPO 上市的相关知识。同时，王老师对我的指导还体现在其他工作方面。我有幸多次参与首都经济贸易大学财政税务学院、资产评估系以及资产评估研究院举办的会议幕后工作，从一个什么都不懂的"小萌新"，成长为现在很多会议流程都了解的青年教师，多亏了王老师的指导。一路走来，我经常做错事，也有很多不靠谱的时候，但王老师总是微笑地对我说，没有关系，下次改进就好。每当我写论文情绪低落时，王老师便会以面谈或微信形式鼓励我，让我重拾信心，调节好情绪。王老师经常在深夜工作，作为一位知名教授尚能如此刻苦，我又有何种理由不去努力。

梁美健教授虽然名义上不是我的入职导师，但实则是我另外一名入职导师。和梁老师相处的四年，我学习了很多授课知识。入职之前，就听说梁老师的课讲得非常棒，一直对他非常钦佩，入职之后，多次旁听梁老师的课，学习到了很多讲课技巧。知道了通识课和专业课的授课区别，知道了导论课和正式课的授课区别，也知道了实践课和课堂讲授课的区别。生活中，我也向梁老师学习到了很多做人处事的方式，例如，善于倾听别人说话，换位思考、慎重提建议、遇事不急不莽撞，等等。除此之外，梁老师豁达的人生态度也是我需要学习的。

感谢我现在的工作单位首都经济贸易大学资产评估系的赵琼副教授、陈汉明副教授、范庆泉副教授以及张亮老师的支持和帮助。其中，张亮老师为文创 IP 价值评估中折现率的确定和计算提供了较多建议。范庆泉老师则在工作之余经常鼓励我。感谢首都经济贸易大学财政税务学院其他同事的帮助和鼓励，其中，特别感谢董丽娟老师为我争取到了书籍出版的机会。

感谢我的研究生们：赵柯昕、胡思琪、李梦南、李昂、商玉杰、梁培、陈伊宁、海宇轩、徐茂峰、周春燕（排名不分先后）。感谢胡思琪和李梦南协助我完成了案例收集、案例分析、全书格式调整和统稿工作；感谢李昂和商玉杰协助我完成数据处理工作，并完成数据的表格制作工作；感谢梁培在文创 IP 收入结构部分的补充工作，添加了案例，使得论述更加合理；感谢陈伊宁对层次分析法的整理工作；感谢徐茂峰对文献综述的扩充，使得文献更加充实完整；感谢海宇轩对文创 IP 价值影响因素的补充，添加了宏观因素，使得文创 IP 价值影响因素更加合理。感谢周春燕对猪小屁 IP、《原神》IP、《王者荣耀》IP 以及陕西博物馆 IP 等背景知识的补充，为我们后续的案例分析提供了一定的帮助。

感谢中和资产评估公司，在课题申请之时，随王竞达老师带学生参观了中和资产评估公司，参观过程中，有幸向中和资产评估公司首席顾问咨询文创 IP 价值评估中折现率的相关问题，并得到建设性回复。

感谢参与问卷调查的所有专家。在课题和图书的案例分析中，由于受到数据限制，必须多次采用专家打分法，故邀请了十来位资产评估专家以问卷调查的形式参与专家打分，最大程度保证打分公正公平。

感谢原仓 IP 数据网提供的数据支持，原仓 IP 的数据是本书最大的特色。原仓 IP 数据网给我们提供了两年半的数据，其中包括 327 家 IP 的类型、出生地、诞生时间、平台粉丝数（万）、本月销售额（万）、粉丝属性、男女比例、地域分布、微博粉丝数（万）、话题讨论数（万）、话题曝光度（亿）、在售商品类目数、类目均价（元）、电商店铺数等相关数据，给我们构建文创 IP 价值评估方法提供了巨大的帮助，尤其是为构建文创 IP 衍生品模型提供了极大的帮助。

最应该感谢的是我的父母。我的父亲是一名林业局的公务员，母亲是一名高中教师。他们为我的成长辛劳一生，离开了他们的教导和支持，我可能都无法完成博士学业，更无法成为一名高校老师。2018 年，刚上班不久，我母亲摔断了髋关节，在弋阳县人民医院做了第一次髋关节补救手术，打了三颗钉子，但是钉子没固定住，导致手术失败，后期我们转院到北京协和医院进行第二次补救手术，母亲痛苦地躺在床上的时候还叮嘱我要多写论文，上好每一堂课。在入住北京协和医院的第三天，我母亲接受了髋关节第二次补救手术，三天后医生告知我们，手术非常成功，但是需要重新开始练习走路。对于一个卧床一个月的人来说，重新开始练习走路是一件很困难的事情，每天除了配合中医治疗，还需要进行站立锻炼，从一开始可以站立半分钟，到一个月后可以拄拐杖，每夜还要忍受手术伤口的疼痛，母亲付出了很多。从母亲的复健过程中，我学习到了很多，例如，遇到困难一定不能放弃，努力的前方一定会有曙光。每次论文被拒稿、申请国家级课题没中、写书没动力的时候，想哭、想放弃的时候，就会想到 50 岁的母亲练习走路的场景，相信一定会有好的结局等待着我。我父亲是一位智者，小时候，他经常和我分享一些人生道理，从父亲身上我也学到了最宝贵的品质和习惯，就是关于如何做人、做事。首先，人品胜于能力。父亲曾担任林业局领导，任职期间深受同事的爱戴。父亲说，担任领导的十几年，看过无数人为了蝇头小利最后坠入深渊，虽然捷径很快，但是通往成功的路上不会有捷径的，只有人品过硬，才会被大家信任。其次，做事要有条理，做事要有计划。从读博士开始，这是我父亲经常和我说的话。每天工作前抽出五分钟，把今天需要做的事情列出来，然后区别轻重缓急，列出最重要的三件事。这个方法在居家办公时作用特别大，让我能更好地规划时间。最后，对人一定要诚恳。无论是对领导、对同事还是对学生，都要真诚，尤其是在和学生沟通和交流时，一定要保持真诚。除了是一名教研老师，我从2019年开始担任资产评估研究生班班主任，2020年开始担任资产评估本科班班主任。在两个班级担任班主任期间，均赶上了疫情暴发。新冠疫情最严重的时期，资产评估研究生班研二学生的需求是返京找工作，但是因疫情防控，所有的学生均无法返京，从而导致较多学生出现心理问题。在2020年上半年，我多次和他们进行了私下沟通和班级沟通，缓解他们的焦虑。2020级资产评估本科班学生的三年大学生活均在疫情中度过，疫情让他们无法享受正常的大学生话，好几名学生出现了心理问题，为了保证他们能顺利开展学习，我会利用课余时间与他们面谈，或者帮助他们预约心理医生，并及时与家长沟通。这些工作让我有幸在2020年荣获学校的优秀班主任称号。感谢我父母多年来对我的培养和教育，我一定会努力回报你们。

文创IP的价值是近年来财务学研究的热点话题，也是我目前主要的研究领域，本书的研究是我在这个领域的一部分研究成果，希望这些粗浅的研究能对未来该方向的研究有所启示和帮助，也算是这本书出版的意义。由于本人学识有限，书中难免有不足之处，恳请各位读者批评指正，也欢迎对该研究感兴趣的读者与我一起交流和探讨，对本书提出意见。

首都经济贸易大学
王田力
2022年12月7日